Konrad Hilpert

Alltagsmoral

Versuch einer Klärung

VERLAG KARL ALBER

© Titelbild: 9peaks – istockphoto.com

Die Deutsche Nationalbibliothek verzeichnet diese Publikation in der Deutschen Nationalbibliografie; detaillierte bibliografische Daten sind im Internet über http://dnb.d-nb.de abrufbar.

ISBN 978-3-495-99290-6 (Print)
ISBN 978-3-495-99291-3 (ePDF)

Onlineversion
Nomos eLibrary

1. Auflage 2024
© Verlag Karl Alber – ein Verlag in der Nomos Verlagsgesellschaft mbH & Co. KG, Baden-Baden 2024. Gesamtverantwortung für Druck und Herstellung bei der Nomos Verlagsgesellschaft mbH & Co. KG. Alle Rechte, auch die des Nachdrucks von Auszügen, der fotomechanischen Wiedergabe und der Übersetzung, vorbehalten. Gedruckt auf alterungsbeständigem Papier (säurefrei). Printed on acid-free paper.

Besuchen Sie uns im Internet
verlag-alber.de

*Meinen ehemaligen Mitarbeiterinnen und
Mitarbeitern*

Vorwort

Im vorliegenden Buch geht es mir um das Phänomen der den Alltag grundierenden und orientierenden Moral. In der akademischen Ethik, der ich mich biografisch und beruflich zugehörig weiß, zieht es kaum Aufmerksamkeit auf sich. Immerhin wird gelegentlich registriert, wenn Alltagsmoral offenkundig fehlt oder wenn wider bestehende Erwartungen gegen sie verstoßen wird. Dann wird vorzugsweise unter den Begriffen »Anstand« und »Respekt« nach ihr gerufen.

Dieses Büchlein ist der Versuch, das Phänomen Alltagsmoral zunächst beschreibend zu erfassen und dann in seiner Bedeutung zu würdigen. Der Verfasser stützt sich dabei nicht auf empirische Untersuchungen, sondern auf eigene Beobachtungen und Fundstücke, die er am Rande seiner eigenen theoretischen Bemühungen um die Ethik als Disziplin wissenschaftlicher Philosophie und Theologie gesammelt hat bzw. die ihm aufgefallen sind. Während es in den anfänglichen Reflexionsgängen um Beispiele des Phänomens im Alltag und die Suche nach Spuren seiner Präsenz auch im ethischen Diskurs geht, konzentrieren sich die späten Kapitel auf Erwägungen zum Wert und zur Notwendigkeit von Alltagsmoral. Beide Überlegungs-Schwerpunkte dienen als Rahmen für die ausführliche Beschreibung und Analyse der existierenden, erstaunlich vielfältigen moralischen Geltungsansprüche für den Alltag.

Ich widme dieses Opusculum meinen ehemaligen Mitarbeitern und Mitarbeiterinnen. Sie haben mich und meine Tätigkeit in Lehre, Forschung, persönlicher Beratung, Gremienarbeit und anspruchsvoller Erwachsenenbildung über mehr als drei Jahrzehnte mit kritischem Interesse, mit unerschöpflicher Bereitschaft zur

Unterstützung und mit vielen anregenden eigenen Ideen begleitet. Die Widmung ist ein symbolischer Ausdruck meiner Wertschätzung und meiner Anerkennung für diese jahrelange fruchtbare Zusammenarbeit.

München, im Januar 2024 Konrad Hilpert

Inhaltsverzeichnis

(K)Ein Thema? 13
Ein blinder Fleck 13
Annäherung durch Abgrenzungen 18
Schnittmengen. Stichwörter aus der Ethikgeschichte 22

I. Das Phänomen: Selbstverständliche Erwartungen an den Umgang mit seinesgleichen 31

Moralische Vermisstenanzeigen und übersehene Formen des Vorhandenseins 31
Kategorien populärer Moralkritik 36
Das Kavaliersdelikt und andere moralische Reminiszenzen in der Alltagssprache 39

II. Spuren und Kontexte expliziter Reflektion 45
Ideale des alltäglichen Lebens und Handelns 45

III. Geltungsansprüche im lebensweltlichen Umfeld 51

Elementare Beziehungsverhältnisse als Orte alltagsmoralischer Praxis 51
Mit- und Füreinander der verschiedenen Generationen . . 58
Kind, Jung, Erwachsen, Alternd: Biografie im Lebenszyklus 62

Inhaltsverzeichnis

Erotisches Begehren und Sich-begehrt-fühlen-Wollen . . . 65

Wiederkehrende Situationen als Gegenstand
alltagsmoralischer Gestaltung 71

Vor-Bilder 74

Ambivalenzen in der Alltagsmoral 78

IV. Selbstverständliche Erwartungen mit moralischer Tiefendimension 83

Sprechen, Darstellen und Erzählen 83

Scham empfinden und beschämen 89

Entschuldigung und Verzeihung. 96

Glück wünschen und am Leid teilnehmen 99

Erinnerung und Gedenken 102

Vertrauen und Umgang mit Konflikten 109

Sparen und Spenden. 116

Zwischen Anpassung und Protest: Wechselwirkungen von
alltagsmoralischem Mühen um das Selbst und politisch-
sozialem System 121

V. Neue Akzente in der Alltagsmoral 127

Sorge um sich selbst 127

Nähe und Distanz zu den Anderen 133

Sorge um Natur, Klima und Erde 137

Bürger und Bürgerin sein 142

»Nach bestem Wissen und Gewissen«. Wissenschaft als
Beruf 147

Soziale Netzwerke und Transformation des Alltags 152

Balancen und Rhythmen der Zeit herstellen 155

Spiritualität 159

VI. Sinn und Unentbehrlichkeit der Alltagsmoral . . 167
Unentbehrlichkeit der Alltagsmoral 167
Herausgefordert durch den erlebten gesellschaftlichen
Wandel und die wahrgenommenen Differenzen 174

VII. Die Frage nach den Grenzen 183
Auszeiten auch für Moral? 183

VIII. Versuch eines systematischen Fazits 187
Abschließende Überlegungen in systematischer Absicht . . 187
Wozu dieses Buch? 196

Sachregister 199

(K)Ein Thema?

Ein blinder Fleck

Es ist noch nicht lange her, dass vor den zu Impfzentren erklärten Versammlungsräumen und Festhallen lange Schlangen von Menschen anstanden, um von den für die Gesundheit der Bevölkerung zuständigen staatlichen Behörden die empfohlene Impfung gegen Covid 19 zu erhalten. Schubweise kamen in bestimmten, einige Tage zuvor bekannt gegebenen Zeitkorridoren zahlreiche Frauen, Männer und Kinder zusammen, die einander nicht kannten; trotz erheblicher Wartezeiten und manchmal auch unangenehm frischer Temperaturen verhielten sie sich diszipliniert: Ohne Aufforderung und ausdrückliche Vereinbarung schienen sie irgendwie zu wissen, dass sie sich in der Reihenfolge ihres Eintreffens an das Ende der »Schlange« zu stellen hatten.

Genauso wie in den ganz anders gearteten Situationen des Eintretens in eine Sportstätte, des Abgebens bzw. Abholens der Straßenbekleidung in der Garderobe eines Konzertsaals oder der Benutzung einer Toilettenanlage ist das Sich-Anstellen »der Reihe nach« eine Selbstverständlichkeit, die jedem und jeder bekannt ist und deren Beachtung von den Anderen erwartet wird. Körpergröße, Alter, Aussehen und selbst der Preis, der für einen Platz vorne oder hinten bezahlt wurde, spielen für die Einhaltung dieser Regel keinerlei Rolle. Sollten einzelne Personen jedoch der Ansicht sein, sie brauchten sich nicht an diese ungeschriebene Ordnung zu halten, werden sie durch Reaktionen des Unmuts anderer schnell dazu genötigt, wenigstens plausible Gründe dafür zu nennen, etwa das Vorliegen eines Notfalls oder ein überdurchschnittliches Maß an Gebrechlichkeit. Werden derlei plausible

(K)Ein Thema?

Gründe nicht kommuniziert, riskiert die betreffende Person, von den Anderen zurechtgewiesen oder sogar an der Ausführung ihrer Absicht gehindert zu werden. Kommentare in solchen Zusammenhängen können durchaus eine moralische Färbung haben: Das gerügte Verhalten sei Ausdruck des Anspruchs, etwas Besonderes zu sein im Vergleich zu allen Anderen, die anwesend sind. Missachtet oder ignoriert werde die von allen gegenüber dieser Situation des Wartens angenommene Gleichheit der Interessenlage der Besucher.

Anstehen in der Schlange ist ein Beispiel von Alltagsmoral. Nach vorn drängeln gilt entsprechend als »unanständig«. So wie »Schummeln« beim Spielen. Obschon nichts wirklich Wichtiges auf dem Spiel steht, achten Eltern und Erzieher von früh auf darauf, dass Kinder die Regeln einhalten. Das heißt vor allem und unabhängig von den konkreten Spielzügen und Operationen, dass sie sich nicht einen Vorteil verschaffen, indem sie einem anderen Spieler »in die Karten schauen« oder ihn durch falsche Angaben täuschen. Dadurch würden nämlich Zufall und Geschicklichkeit außer Kraft gesetzt und das Gewinnen erschlichen.

Um ganz Ähnliches, aber ungleich Gewichtigeres und Folgenschwereres geht es beim Abschreiben (»Spicken«) in einer Prüfung. Dabei wird ja, was als objektiver Indikator für erworbene Kenntnisse und Fähigkeiten für alle gedacht ist und im Ergebnis über die Zulassung zu einer Berufstätigkeit und die Erlangung einer Lebensposition mitentscheiden kann, von einzelnen abgeschaut und als eigene Leistung ausgegeben. Auch ohne Rationalisierung wissen die meisten, dass das gegen die Gleichheit der Anforderung und den dadurch eröffneten Chancen verstieße. Viele beschwichtigen dieses Wissen mit dem Hinweis auf die Unwichtigkeit der Angelegenheit im Gesamt des Verfahrens oder dadurch, dass sie die Situation der Prüfung als eine Art von sportlichem Wettstreit mit dem Lehrer oder der Behörde umdefinieren oder sogar die Meinung vertreten, das gesamte Qualifikations-Design sei sowieso ungerecht und mehr oder weniger zufällig.

Ein blinder Fleck

Anstehen der Reihe nach, nicht Schummeln beim Spielen und nicht Abschreiben in der Prüfung – das sind drei Beispiele von Alltagsmoral. Diese fordert unser Verhalten auf Schritt und Tritt ein. Meistens merken wir das nicht einmal. So selbstverständlich sind uns ihre Forderungen, dass wir auch von allen anderen erwarten, dass sie sich an sie halten. Wir verlassen uns darauf, dass die Alltagsmoral funktioniert. Sie gilt als ein Teil dessen, was man in der Erziehung auf dem Weg in die Selbständigkeit der Lebensführung mitbekommen und erworben hat.

Die Alltagsmoral findet in der ethischen Fachdiskussion wie auch in den öffentlichen Debatten kaum Beachtung. In beiden Zusammenhängen geht es üblicherweise um sehr viel schwerer wiegende und kompliziertere Fragen, die eingehend theoretisch ausgefaltet, bedacht und erwogen und mit schon sichtbaren oder vielleicht erst möglicherweise und langfristig auftretenden Risiken abgewogen werden müssen.

In dem Zeitraum, während dessen das vorliegende Buch entstand, wurde etwa viel über Künstliche Intelligenz, Chat-GPT und die Ängste davor diskutiert. »Was, wenn eine KI die Fähigkeit zum Handeln und Planen eines Menschen erreicht oder übertrifft? Wenn sie ihren eigenen Programmcode immer weiter verbessern kann? Sich Zugriff auf physische Ressourcen wie Roboter, Fabriken, Chemielabore, Waffensysteme verschafft?« wurde gefragt. In den entsprechenden Debatten werden gewiss auch dramatische Endzeitszenarien beschworen. Aber es geht häufig auch darum, was wahrscheinlich ist und was unwahrscheinlich, welche Verantwortung Forschung und Politik haben, und welches die Voraussetzungen von Autonomie sind, um die Kontrolle zu behalten und zerstörerische Absichten zu vereiteln. Ein besonderes Problem und angeschärft durch den Überfall auf die Ukraine ist hierbei die Entwicklung autonomer Waffensysteme und der Vorschlag, diese bereits heute weltweit zu ächten.

Ein zweites Großthema war die Asylpolitik der EU. Recherchen hatten ergeben, dass ein großes Bootsunglück im Februar 2023, bei dem fast hundert Menschen ums Leben gekommen sind und

(K)Ein Thema?

weitere noch immer vermisst werden, vielleicht vermeidbar gewesen wäre. Denn es sei den für die Seenotrettung zuständigen Behörden mitgeteilt worden, dass das Boot überfüllt war und keine Rettungswesten sichtbar gewesen seien. Als Grund dafür, dass Rettungsversuche unterblieben seien, wurde genannt, dass die schlechten Wetterbedingungen eine intensive Beobachtung und ein Reagieren auf Zeichen von Seenot verhindert hätten. Berichte und Anklagen wurden in einen Zusammenhang gestellt und kontrastiert mit den Überlegungen und Plänen der Innenminister, bei ihrem bevorstehenden Treffen das Asylrecht einzuengen. Hinter dieser Absicht steckt nicht einfach Fremdenfeindlichkeit, sondern Probleme der Unterbringung, der Kosten, der Integration und des inneren Friedens, die von den zuständigen Kommunen seit geraumer Zeit öffentlich vorgetragen werden. Freilich geht es in der Auseinandersetzung auch um die Moral der Seenotrettung, um die Garantierung von Menschenrechten; und um die Grundprinzipien des Zusammenlebens und des Teilens mit denen, die nicht in finanziell und ökonomisch sicheren Ländern geboren wurden. Und natürlich geht es auch um Mitgefühl und um die Verpflichtung zur Solidarität.

Ein drittes vorherrschendes Thema waren schließlich Machtmissbrauch und sexuelle Übergriffe; dieses Mal aber nicht wie bisher in der katholischen Kirche, sondern erstmals auch im Umfeld einer prominenten Rock- und Showband. Im Raum standen Vorwürfe, eine von Millionen bewunderte, gehörte und gefeierte Band soll ein ausgefeiltes System der Anwerbung, Beeinflussung und gezielten Erregung von Fantasien weiblicher Fans haben, in dem möglicherweise auch Alkohol und Drogen, Aufmerksamkeit, exklusive Nähe und Privilegien eine Rolle spielten, um junge Frauen die Kontrolle über sich selbst verlieren zu lassen. Zur Sprache kam nicht nur vielfache Übergriffigkeit gegenüber konkreten Personen; vielmehr ging es auch um die systemischen Strategien des Zu- und Verführens, des Missbrauchs von Macht und des Ausnutzens von Faszination mithilfe von Vergünstigungen, Gruppendruck und Stargehabe.

Ein blinder Fleck

Die ethischen Kommentierungen und Erwägungen zu diesen Themen Künstliche Intelligenz, Asylpolitik und Machtmissbrauch zielen nicht unmittelbar auf konkret anstehende strafrechtliche Urteile und politische Entscheidungen, sondern auf allgemeingültige Regeln und Kriterien für Situationen, in denen Menschen vor Verfolgung, Krieg, Hunger, Elend und Zukunftslosigkeit fliehen und hierzulande Obdach und neue Chancen suchen; und auch auf die Kritik an Praxen des Wegschauens, der Abschottung und der Abschreckung. Die Beteiligung an den Debatten setzt, auch wenn diese »nur« informell bleiben, sowohl die genaue Kenntnis vieler Fakten und Zusammenhänge als auch die Vertrautheit mit ethischen Theorien und Argumentationen voraus. Theorien-Kenntnis und Expertise sind Aufgaben, die von der philosophischen und theologischen Fachethik erwartet werden dürfen, nicht Sache der Alltagsmoral.

Phänomene, die im wissenschaftlichen Diskurs nicht wahrgenommen oder wiederholt ausgefiltert werden, bezeichnet man umgangssprachlich und sozialpsychologisch gern als »blinde Flecken«. Diese metaphorische Redeweise überträgt das biologische Phänomen des blinden Flecks im menschlichen Auge auf die Ebene der wissenschaftlichen Gegenstände und Erkenntnis-Interessen. Bezogen auf die Alltagsmoral ist damit ziemlich präzise zum Ausdruck gebracht, dass die Alltagsmoral als Phänomen durchaus bemerkt und bezeichnet wird, aber in ihrer Eigenheit, ihren Inhalten und auch in ihrem Sinn undeutlich und unaufgeschlossen bleibt.

Beides, das Phänomen der Alltagsmoral und die Verwunderung darüber, dass es in der akademischen Ethik, die ich zu meiner beruflichen Lebensaufgabe gemacht habe, kaum eine Rolle spielt, hat mich über viele Jahre begleitet und dazu veranlasst, gelegentlich nebenbei gemachte Notizen zu sammeln. Insofern erfülle ich mir mit dem Versuch einer kohärenten Darstellung einen lange gehegten eigenen Wunsch.

Es kann im Verlauf der vorliegenden Untersuchung auffallen, dass in der Alltagsmoral die Grenzen zwischen Bräuchen, Konventionen und moralischen Normen und Haltungen fließend zu sein scheinen. Damit hängt noch eine weitere Eigenheit dieser Thematik zusammen, nämlich dass in der Darstellung des Phänomens Alltagsmoral Deskriptives und Normatives nicht trennscharf auseinandergehalten werden können, wie es sonst bei der Charakterisierung und Analyse ethischer Phänomene die Grundregel ist.

Annäherung durch Abgrenzungen

Der Begriff Alltagsmoral steht nicht für ein konturiertes theoretisches Konzept, so dass er ein gängiges Stichwort für philosophisch-ethische bzw. theologisch-ethische Fachlexika und Grundlegungen abgeben könnte.[1] Im Gegenteil ist er selbst ein Geschöpf der Alltags-Reflexion und als solcher alles andere als präzise. Das ist auch nicht weiter verwunderlich, denn auch »Alltag« bezeichnet nicht einen präzisen Sachverhalt. Was als Alltag gilt, hängt vielmehr von den jeweiligen Rahmengegebenheiten ab. In Bezug auf diese steht dieser Begriff dann für die normale, erwartbare, häufigste, durchschnittliche, gewöhnliche Lebensweise und Art zu denken, für das verbreitete Bewusstsein, die Mentalität, die angetroffen wird, einschließlich der Ansprechbarkeiten und Empfindsamkeiten, die offensichtlich sind oder mit denen man zu rechnen hat.[2]

---

1 Stellvertretend für diese beiden Genera sei verwiesen auf das von Otfried Höffe herausgegebene, kürzlich in 8. Auflage erschienene Lexikon der Ethik (München 2023) und auf das von Marcus Düwell, Christoph Hübenthal und Micha H. Werner herausgegebene Handbuch Ethik (Stuttgart/Berlin/Heidelberg ³2011).

2 Zur semantischen und konzeptionellen Klärung des Begriffs Alltag s. u.a. Klaus Hammerich/Michael Klein (Hg.), Materialien zur Soziologie des Alltags, Opladen 1978. Darin: dies., Alltag und Soziologie, 7–21; Norbert Elias, Zum Begriff des Alltags, 22–29; Don H. Zimmermann, Normen im Alltag, 86–99; David Field, Der Körper als Träger des Selbst, 244–264; Jan Szczepan-

Eine erste Vermutung könnte deshalb sein, dass Alltagsmoral im Sinne von *populärer Moral*, also der Moral der breiten Schichten, eben *der großen Mehrheit* der Bevölkerung zu verstehen sei. Das Pendant, dem sie zu kontrastieren sei, wäre die Moral einer gesellschaftlichen Elite bzw. die Moralen von Gruppen, die auf diese besonderen Wert legten. Diesem Verständnis von Alltagsmoral steht allerdings die Tatsache entgegen, dass Alltagsmoral alles andere als ein homogenes und in sich konsistentes Phänomen meint, also keine Einheit darstellt, sondern eher ein Konvolut. Dessen Inhalt changiert in Relation zur jeweiligen Kultur, zur jeweiligen Epoche, zur Region oder zur Konfession.

Mit erheblich mehr Berechtigung ließe sich deshalb behaupten, dass mit dem Begriff Alltagsmoral ein Gegensatz zu einer theoretisch abbildbaren und begründeten, lehrhaft-doktrinären Ganzheit von moralischen Verbindlichkeiten oder Idealen charakterisiert ist. »Alltagsmoral« konfrontierte diese und damit die Ethik als theoretische Reflexion von Moral insgesamt mit dem Verdacht, das Bedachte, daraus Abgeleitete und dann auch Gelehrte sei lebensfern, bloß konstruiert, abstrakt oder gegenüber dem gelebten Alltäglichen ideal und »abgehoben«. Um ihr überhaupt eine Relevanz für die Praxis zu geben, brauche es Experten wie Professoren der Philosophie oder der Theologie, studierte Lehrer und Priester, während das Gros der Bevölkerung als »Laien« auf diese »Kaste« von Wissenden und Interpretierenden angewiesen sei. Mit der Rede von der Alltagsmoral könnte dann der Anspruch erhoben sein, *das Eigengewicht und die Würde der moralischen Praxis* gegen den Vorrang und den Verbindlichkeitsanspruch der theoretischen Ethik zur Geltung zu bringen.

---

ski, Reflexionen über das Alltägliche, 314–324. Ferner: Hans P. Thurn, Der Mensch im Alltag. Grundriss einer Anthropologie des Alltagslebens, Stuttgart 1980. Zur Phänomenologie, Theorie und Theologie des Alltags aufschlussreiche Beiträge enthält auch: Henning Luther, Religion und Alltag. Bausteine zu einer Praktischen Theologie des Subjekts, Stuttgart 1992, bes. 183–256.

Und noch ein weiterer Gegensatz ist vorstellbar und gäbe Sinn: »Alltagsmoral« könnte für einen gesonderten *Bereich der Moral stehen, der die alltäglichen Lebensverhältnisse umfasst* – im Kontrast zur Moral, die sich wie die modernen Bereichsethiken auf bestimmte, hochspezielle Sparten des gesellschaftlichen Prozesses bezieht, etwa auf Technik, auf Medienkommunikation, auf Medizin oder Ökonomie. Neben diesen und weiteren Bereichen wären die unter »Alltag« fallenden Herausforderungen ein Spezialressort, in gewisser Weise vergleichbar der Allgemeinmedizin, die heutzutage neben der Inneren Medizin, der HNO, der Augenheilkunde, der Kardiologie usw. ein eigenes Fach- und Kompetenzgebiet darstellt.

Eine vierte Möglichkeit, Alltagsmoral zu verstehen, baut auf dem Unterschied von Moral für ungewöhnliche und hochkomplexe Problemsituationen und Moral im Sinne *gewöhnlicher und elementarer Herausforderungen* auf. Schaut man in Reportagen, Feuilletons und Bücher über Moral, die sich an ein breiteres Publikum richten, so konzentriert sich die Diskussion häufig auf Dilemmata, also auf Handlungslagen, in denen sich mehrere Optionen zu handeln mit dichtem moralischem Bezug eröffnen, bei denen aber unklar ist, welche der Alternativen die zu bevorzugende ist. Die Ausgangssituationen sind zwar meist narrativ ergiebig und insofern durchaus realistisch, aber gleichwohl häufig exzeptionell und kaum repräsentativ für das Gros der Erfahrungen, die die Leser und Leserinnen schon einmal selbst gemacht haben. Insofern bewegen sie sich vielfach in der Nähe zum Exotischen, Extremen oder Intellektuell-Spielerischen. Gegenüber den komplexen Situationen, die aufwändige Überlegungen, Abwägungen und Urteile verlangen, würde sich die Alltagsmoral dadurch auszeichnen, dass sie sich auf einfache Situationen, grundlegende Einsichten und elementare Orientierungen bezieht, die dem Streit enthoben sind und unmittelbare Beachtung verlangen.

Annäherung durch Abgrenzungen

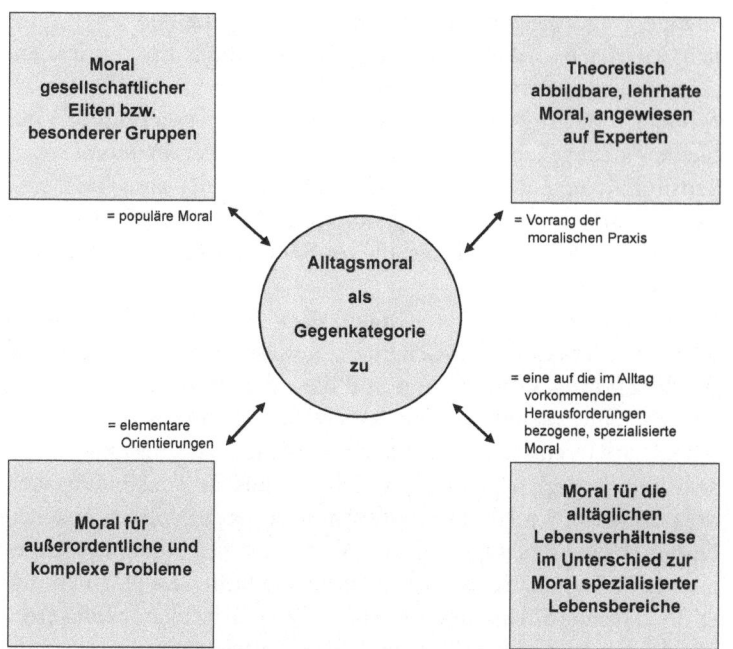

Abb. 1: Mögliche Verständnisse von „Alltagsmoral"

Die moderne Gesellschaft ist in hohem Maße durchorganisiert. Dieser hohe Grad an Organisiertheit erfolgt im Wege der Ausdifferenzierung von Sachbereichen, die jeweils ihre eigenen Strukturen ausbilden. Infolgedessen ist für sie typisch, dass sowohl die ethische Reflexion über die Probleme als auch die Institutionen, in denen diese Reflexion stattfindet bzw. organisiert und vorangetrieben wird, also Universitäten, Institute, Fördergesellschaften, Kommissionen und Beiräte, eine Vielzahl von unterschiedlichen anwendungsbezogenen Spezialethiken ausbilden, die auf der Seite derer, die die entsprechenden Reflexionen betreiben, wie auch auf Seiten derer, die ihren Überlegungen Gehör schenken, erhebliches Fachwissen voraussetzen.

(K)Ein Thema?

Eine Frage, die für die in diesem Buch angestellten Überlegungen wichtig ist, ist die, was diese Entwicklung für die in dem zuletzt dargelegten Verständnis von Alltagsmoral als Elementar-Moral bedeutet: Wird sie dadurch faktisch bedeutungslos oder bleibt sie umgekehrt eine fundamentale Quelle der moralischen Sensibilität und der moralischen Einübung, die zum kostbaren Bestand an Gemeinsamkeit gehört und die angesichts der rasch fortschreitenden Spezialisierung Aufmerksamkeit und Kultivierung verdient?

Umgekehrt steht außer Zweifel, dass die auf das Individuum und die Interaktionen im Nahbereich ausgerichtete Alltagsmoral für die ethische Orientierung und die Etablierung angemessener, also gerechter Strukturen für das soziale Leben in einer hochentwickelten Gesellschaft nicht genügen kann. Allerdings könnte sie sich gerade dazu eignen, dass sich moralische Sensibilität auch dort entfaltet, wo sie im Konflikt mit anderen Notwendigkeiten das Nachsehen zu haben droht. Wenn das mit Alltagsmoral gemeinte Phänomen schon nicht zum Allheilmittel taugt, so könnte es doch immerhin als eine Art »Fühler« oder Indikator fungieren, der den Stand der moralischen Aufmerksamkeit anzeigt.

Ob und wie Beachtung und Pflege von Alltagsmoral zwar nicht dem Begriff nach, aber der Sache nach in Strömungen der Ethikgeschichte eine prominente Rolle gespielt haben, soll im nächsten Kapitel untersucht werden.

Schnittmengen. Stichwörter aus der Ethikgeschichte

Die Thematisierung der Alltagsmoral ist der Versuch, das weitgehende Ausblenden oder Vergessen bzw. wenigstens Schweigen der zünftigen Ethik zum Alltag zu hinterfragen und diesen als einen authentischen Ort des Tuns, Unterlassens und Erleidens ernst zu nehmen.

Schnittmengen. Stichwörter aus der Ethikgeschichte

Im Verlauf der Ethikgeschichte lassen sich durchaus Bestrebungen finden, die diesem Anliegen inhaltlich recht nahekommen. So hat – um ein erstes Beispiel zu nennen – nach dem 2. Weltkrieg der zuletzt in Tübingen lehrende Philosoph und Pädagoge Otto F. Bollnow (1903–1991) die Katastrophe von 1945 nicht nur als politisch-militärisches Ende von deutschem Staat und Gesellschaft gedeutet, sondern auch als den »Zusammenbruch vieler bis dahin für selbstverständlich gehaltener Wertungen« und Ideale und »einer hochgespannten heroischen Ethik«[3]. Worauf es jetzt in dieser geschichtlichen Situation ankomme, sei die Rückbesinnung auf die »bislang vernachlässigten Fragen des alltäglichen Daseins [...], in denen sich doch der weitaus größte Teil unsres Lebens abspielt«[4], und die Lebendig-Machung der »*einfachen Sittlichkeit*«.

Darunter verstand er in Abgrenzung von den Systemen des Hochethos mit ihren »besondren Tugenden des gesteigerten Lebens« die bis dahin (vornehmlich unter Berufung auf Nietzsche) verpönten schlichten und einfachen Tugenden, »die vor allen bestimmten ethischen und politischen Systemen [...] die unerläßliche Grundlage alles menschlichen Zusammenlebens« seien[5]. Diese seien gesellschafts- und schichtübergreifend, ja sogar kulturübergreifend. Konkret genannt und beschrieben wird neben der Güte des Herzens, der Bescheidenheit, dem Mitleid mit den Schmerzen der Kreatur und der Ehre interessanterweise auch die Anständigkeit[6]. Kennzeichen der einfachen Sittlichkeit sei »eine gewisse natürliche Elastizität«[7]: »Sie läßt immer einen gewissen Spielraum für die Behandlung des einzelnen Falls und stellt ihre Forderungen nur in vernünftigen Grenzen. Vom Standpunkt des hohen Ethos aus ist man leicht geneigt, in diesem Fehlen des

---

3 Otto F. Bollnow, Einfache Sittlichkeit. Kleine philosophische Aufsätze, Göttingen ⁴1968, 5.
4 Ebd. 5.
5 Ebd. 9.
6 Ebd. 61–73.
7 Ebd. 26.

(K)Ein Thema?

Unbedingten einen Mangel an sittlicher Verantwortung und überhaupt den Ausdruck einer Rangunterlegenheit zu sehen«[8].

Zwischen der einfachen Sittlichkeit und dem hohen Ethos, für welches »das asketische Ideal des frühen Christentums, das ritterliche Ideal des Mittelalters, das aufklärerisch-bürgerliche Ideal einer Lebensbeherrschung durch die Vernunft oder das Humanitätsideal der deutschen Klassik mit seinem Streben nach einer allseitigen Entfaltung der im Menschen liegenden Fähigkeiten« als vorzügliche Beispiele genannt werden[9], bestehe »ein Verhältnis der wechselseitigen Angewiesenheit aufeinander«[10]. Die sogenannte einfache Sittlichkeit sei der tiefere Untergrund und die bleibende Schicht unter den sich im Lauf der Geschichte wandelnden und einander ablösenden Formen des Hochethos.[11]

Zu erinnern ist in diesem Zusammenhang auch an »*das Geziemende*« als einer in der Geschichte der antiken Ethik bedeutsamen sittlichen Qualifizierung von Handlungen. Die deutsche Übersetzung von lateinisch *decorum* bzw. griechisch *kathekon* klingt aus der Zeit gefallen und verlegen; überboten wird sie darin nur noch durch den in der älteren Rhetorik üblichen und in moralisch-rügender Absicht gebrauchten Ausdruck »schicklich«. Dabei ist diese Kategorie des Geziemenden ein Erbe der stoischen Philosophie, die unter allen Denkschulen der Antike vermutlich den stärksten und nachhaltigsten Einfluss auf die christliche und auch die humanistische Ethik gehabt hat. Der Begriff des *kathekon*, der übrigens auch ins Neue Testament übernommen wurde (Röm 1,28; ähnlich Phlm 8 u.a.), charakterisiert Verhaltensweisen, die angemessen sind, wobei als Maßstab nicht das Verhalten der großen Mehrheit, also das, was von der Konvention her sich gehört, gilt, sondern die Natur und die naturgemäßen Dinge[12].

---

8 Ebd. 26.
9 Ebd. 20.
10 Ebd. 28.
11 Vgl. ebd. 20–22.

Schnittmengen. Stichwörter aus der Ethikgeschichte

Zu den naturgemäßen Verhaltensweisen gehören näherhin: »die Eltern ehren, den Brüdern, Freunden, dem Vaterland dienen, für die Gesundheit und Funktionsfähigkeit des Leibes sorgen, um Wohlstand und gesellschaftliche Anerkennung sich bemühen, eine Familie gründen und politisch tätig sein, die Ausbildung des Geistes betreiben und auf die Erkenntnis der Dinge sich richten«[13]. Als menschliches ist derartiges Streben immer schon dadurch geprägt, dass es Resultat von Überlegung, Wahl und Entschluss ist, die sich alle drei im Horizont der Sprach- und Handlungsgemeinschaft abspielen.

Cicero hat, wirkungsgeschichtlich überaus folgenreich, für den griechischen Begriff der »geziemenden« Handlungen den Begriff der »Pflichten« (*officia*) eingeführt. Ohne Rückbindung an eine feste Messgröße – in der Antike waren das die Natur und die diversen Rollen im Gemeinwesen (Eltern, Kind, Bürger, Beamter, Arzt, Anwalt usw.), in jüngerer Zeit das Gewissen des Einzelnen – besteht allerdings die Gefahr, dass die Orientierung an der Pflicht sich verselbständigt und zu einer »blinden« Pflichterfüllung degeneriert, »die ihren Sinn nur in ihr selber sieht und sich dem vollen Blick für die Erfordernisse der Situation bewußt verschließt und die so leicht zu einem verantwortungslosen Geschehenlassen hinüberführt«[14]. Dieser Gefahr wenigstens zeitweise in der eigenen Biografie erlegen zu sein, musste übrigens auch der Autor Bollnow rückblickend eingestehen.

Eine Reihe der im Vorhergehenden genannten Verhaltensqualitäten im alltäglichen Leben könnte man auch mit dem prominenten ethischen Terminus einer *Tugend* klassifizieren. Dabei steht »Tugend« seit Aristoteles nicht einfach für eine allgemeingültig umschriebene Eigenschaft, sondern für ein Optimum zwischen

---

12 Belege in: Maximilian Forschner, Die stoische Ethik. Über den Zusammenhang von Natur-, Sprach- und Moralphilosophie im altstoischen System, Darmstadt ²1995, 184–196.
13 Nach Forschner, Die stoische Ethik, 186.
14 Bollnow, Einfache Sittlichkeit, 31. Vgl. ebd. 37.

einem Zuviel und einem Zuwenig im Hinblick auf Einstellungen und Handlungen, die einer konkreten Situation angemessen sind. Viele ethische Theorien gehen davon aus, dass darin ein Können und Wollen vollzogen und zum Ausdruck gebracht wird, und dass das mit dem Lebensentwurf der handelnden Person zu tun hat. Aber auch davon, dass hierbei auch Erziehung und die Gestaltung des politischen Rahmens eine wichtige Rolle spielen und eben nicht nur Entwicklung und biologisches Überleben.

Tugenden bezeichnen infolgedessen Dispositionen oder Fähigkeiten, auf eine bestimmte Weise zu handeln, die jemand zum Bestandteil seines Charakters, ja seiner Persönlichkeit gemacht hat wie etwa Verlässlichkeit oder Streben nach Wahrheit. Sie sind weniger spezifisch und situationsübergreifender als Handlungsregeln. Sie geben dem Handeln lediglich eine Bahn vor und markieren Lebensweisen, die ihrem Träger bedeuten, was gut bzw. was schlecht ist. Tugenden sind nicht an das Vorliegen bestimmter Zustände gebunden, sondern unabhängig von diesen. Tugendhaft ist, wer sie auch dann praktiziert, wenn es nicht opportun ist, weil es eigenen Interessen entgegenläuft, gegen eine Gewohnheit verstößt oder Unannehmlichkeiten einbringt. Der eigentliche Grund, sich um die Aneignung von Tugenden zu mühen und ihnen im eigenen Handeln Relevanz zu verschaffen, besteht im Willen, ein guter Mensch zu sein.

In Antike und Mittelalter standen die Tugenden (und entsprechend auch die Laster) im Zentrum der Ethik. In der Neuzeit hingegen verloren sie stark an Bedeutung zugunsten der Kategorie der Pflichten, mit der sich die Anforderungen in den immer stärker auseinandertretenden Handlungsbereichen, Berufs- und Lebenswelten der modernen industriellen Gesellschaft und liberalen Ökonomie präziser erfassen ließen.

Nach dem 2. Weltkrieg waren die Tugenden als Inbegriff der bürgerlichen Erziehung starker Kritik ausgesetzt, weil sie – vor allem die Anleitung zum Gehorsam – für die politische Instrumentalisierung in den Diktaturen und die autoritären Gesellschaftsstrukturen verantwortlich gemacht wurden. In der ethischen Diskussion der letzten vier Jahrzehnte erfuhren sie dann wieder, vom anglo-amerikanischen Raum ausgehend, eine Renaissance. Für diese Renaissance, die durch eine Reihe von Autoren betrieben wurde, die an Aristoteles anknüpften (Alasdair MacIntyre, Philippa Foot, Martha Nussbaum), gibt es zwei Erklärungen: Zum einen war sie eine Reaktion darauf, dass sich der Mainstream in der Philosophie zuvor einseitig mit Grundsatzfragen der rationalen Begründbarkeit von ethischen Prinzipien und Normen befasst hatte. Zum anderen aber erwiesen sich diese grundsätzlichen und theoretisch-abstrakten Gedankengänge als wenig hilfreich, wenn es um Fragen der Anwendung in konkreten Lebenskontexten oder um die Erhaltung und Kultivierung persönlicher Beziehungen sowie um den Umgang mit Gefühlen ging. Dies alles gehört aber zur »Praxis«, die in den Kontexten des Alltags stattfindet und ist von großer Bedeutung für die Suche der Einzelnen nach einem guten Leben. Könnte am Ende – so wurde zum Teil gefragt – die Herausbildung und Entfaltung einer starken individuellen Persönlichkeit für die Zukunft einer Gesellschaft entscheidender sein als alles theoretische Bemühen um die Richtigkeit von Normen?

Die Rückbesinnung auf die Anliegen der Tugendethik und die erneute Befassung mit ihren antiken und mittelalterlichen Grundlagen hat noch eine andere programmatische ethische Fragestellung wiederentdecken lassen, nämlich die nach der *angemessenen Lebensführung und dem Ganzen eines guten Lebens*.[15] Der Philosoph Wilhelm Schmid will stattdessen lieber von der Form, die ein Subjekt aktiv seinem Dasein geben möchte, sprechen und bevorzugt in der Folge den Ausdruck »Sorge um sich selbst«. Thema und Praxis der Lebensführung war ursprünglich Teil aller Tugendethiken, hat sich aber im Laufe der Zeit zunehmend verselbständigt.[16]

---

15 Eine wichtige Rolle spielen dabei die Reflexionen von Wilhelm Schmid; u.a. Philosophie der Lebenskunst. Eine Grundlegung, Frankfurt a. M. 1998.

(K)Ein Thema?

Bei der Lebensführung oder Führung des Lebens im Ganzen (manche Autoren sprechen auch gern und dezidiert von Lebens»kunst«) und eben nicht nur einzelner Handlungsbereiche geht es aber nicht um die denkerische Konstruktion eines Muster-Lebenslaufs bzw. einer Muster-Biografie, die dann eine Folie für jedermann sein könnte oder sollte, sondern im Gegenteil um die konkrete Ausgestaltung der individuellen Biografie und deren ethisch-reflektierende Begleitung unter der Zielperspektive des Gelingens. Man könnte auch sagen: um das Zueinander der persönlichen Einstellungen und Gestaltungsmöglichkeiten und der vorgegebenen normativen Erwartungen.

So verstandene Lebensführung aber spielt sich immer im Horizont der Lebenskontexte konkreter Menschen und einer politischen Verfasstheit ab. Deshalb gehört zu ihr die Reflexion des alltäglichen Lebens, seiner bestimmenden Faktoren, seiner Veränderungen und seiner im historischen Vergleich auffallenden Stärken und Defizite mit dazu. Der Topos der Lebensführung steht also »für das ethische Bemühen, alltägliches Handeln und Leben insgesamt ernst zu nehmen«[17]. Unter den verschiedenen Vorschlägen, an diese Tradition der Lebenskunst-Reflexion wieder anzuknüpfen oder aber sie mithilfe anderer philosophischer, psychologischer oder fremdkultureller Ansätze neu zu begründen bzw. zu reformulieren, verdient vor allem das unter dem Titel »Integrative Ethik« bekannt gewordene und ausgearbeitete Programm des Tübinger Philosophen Hans Krämer Erwähnung. Er hat vorgeschlagen, die etablierte und vertraute Sollensethik durch eine auf das Wollen und Können fokussierte Strebensethik zu ergänzen.[18]

---

16 S. dazu die eindrucksvolle Darstellung von Ferdinand Fellmann, Philosophie der Lebenskunst zur Einführung, Hamburg 2009.
17 Thomas Laubach, Lebensführung. Annäherungen an einen ethischen Grundbegriff, Frankfurt a. M. u.a. 1999, 18.
18 Hans Krämer, Integrative Ethik, Frankfurt a. M. 1992. Ferner: Wilhelm Schmid, Philosophie der Lebenskunst. Eine Grundlegung. Frankfurt ⁵1999;

Schnittmengen. Stichwörter aus der Ethikgeschichte

Lebensführung oder Lebenskunst als Vollzugsform und zugleich Teil der ethischen Reflexion ist individueller und flexibler als rational begründete Normen und formulierte Werthaltungen. Sie zielt nicht darauf ab, moralische Wahrheiten fest- und vorzustellen, sondern beschreibt Situationen und Handlungsbedingungen und liefert dem auf das Gelingen seines Lebens achtenden Einzelnen Empfehlungen und Gesichtspunkte zum Erwägen, sieht also ihre genuine Aufgabe im (Be-)Raten.

---

ders., Auf der Suche nach einer neuen Lebenskunst. Die Frage nach dem Grund und die Neubegründung der Ethik bei Foucault, Frankfurt a. M. 2000. Von Seiten der Theologie hat Trutz Rendtorff seine zweibändige Ethik als Theorie der Lebensführung verstanden (Ethik: Grundelemente, Methodologie und Konkretionen einer ethischen Theologie, Stuttgart u.a. 1980. Zur Einordnung und Kritik der Entwürfe von Krämer und Rendtorff s. u.a. Laubach, Lebensführung.

I. Das Phänomen: Selbstverständliche Erwartungen an den Umgang mit seinesgleichen

Moralische Vermisstenanzeigen und übersehene Formen des Vorhandenseins

Dass Alltagsmoral vergleichsweise selten zu einem expliziten Thema gemacht, zu einem Gegenstand der Erforschung und anregender Debatten gemacht wird, bedeutet keineswegs, dass es sie nicht (mehr) gäbe oder sie sich unwiderbringlich auf dem Rückzug befände, Im Gegenteil sprechen manche Anzeichen dafür, dass es sie auch weiterhin gibt, möglicherweise nicht leicht erkennbar, aber durchaus vital. Und dort, wo sie nicht manifest vorgefunden werden kann, wird sie häufig wenigstens vermisst und als fehlend beklagt.

Deutlichster Hinweis auf ein derartiges Vermisst-Werden ist die Klage über den Verfall bzw. die Abwesenheit von »Anstand«. Mit diesem Begriff kann indes vieles gemeint sein. Aber stets mitgemeint ist die Bedeutung von: die elementaren Regeln, die eigentlich allen bekannt sein dürften und deren Einhaltung von allen erwartet werden kann; anders ausgedrückt: das, was man tut oder eben gerade nicht tut, wobei das »man« die Selbstverständlichkeit und Allgemeingültigkeit auch sprachlich zum Ausdruck bringt. »Selbstverständlich« ist das, was keiner situationsbezogenen Absprache oder Konsentierung mehr bedarf, weil es ganz offensichtlich sozial tausendfach bewährt und unbezweifelbar ist und so mit einer eigenen Evidenz ausgestattet ist.

I. Das Phänomen

Das deutsche Wort »Anstand« stammt als Begriff aus der Sprache der Aufklärung. Es handelt sich um ein Äquivalent zur Kategorie des Geziemenden aus dem Ideen-Reservoir der stoischen Popularphilosophie, die weit über die Epoche der Herausbildung der christlichen Theologie hinaus einer der wirksamsten und nachhaltigsten Impulsgeber für die Architektur und die Terminologie der Ethik im Kontext des christlichen Glaubens war. Das Geziemende und in seiner Weiterentwicklung eben auch der »Anstand« stehen aber nicht für einen Katalog bestimmter moralischer Inhalte, sondern für ein weites Ensemble von Verhaltensweisen eines jeden, die der jeweiligen Situation »angemessen« sind und um die eigentlich jeder weiß. Worauf es dabei ankommt, ist in erster Linie und im Konfliktfall sogar nur die sachliche Richtigkeit und soziale Verträglichkeit. Dass das äußere Verhalten im konkreten Fall des Handelns auch mit der innerlichen Gesinnung übereinstimmen sollte, ist Ausdruck einer weiteren Reflexionsstufe, die in solcher Übereinstimmung das entscheidende Kriterium für die Moralität eines Handelns erkennt.

In der späteren Fortentwicklung und gesellschaftlichen Adaption etwa als Erziehungsideal ist dieses Erfordernis einer Übereinstimmung von äußerem Verhalten und innerer Gesinnung oftmals wieder aufgelöst bzw. in den Hintergrund gerückt worden, so dass »Anstand« bis in die Gegenwart hinein auch als soziale Konformität oder sogar als bloßes Bescheid-Wissen und aktives Beherrschen der »Manieren« und geltenden Regeln des »guten Benehmens« verstanden wurde, das statt am Gelingen des Umgangs mit den Anderen in ihrer jeweiligen Standeszugehörigkeit sowie in ihrer persönlichen, bildungs- und lebensaltersgemäßen Eigenart an der Einhaltung der jeweils bereitliegenden Konventionen und Formen festgemacht wurde. »Anstand« wurde dann weitgehend gleichbedeutend mit »Etikette«, »Konvention« (im Singular) und einem »Benimm-Code«, der selbst eines inneren Kompasses entbehrt und deshalb nur strikt eingehalten und affirmiert oder aber – mit Absicht oder aus fehlender Kenntnis –

verletzt und verneint, aber weder diskutiert noch transformiert zu werden braucht.[19]

Entsprechend ist das Klagen über sein offensichtliches Ausbleiben und die Feststellung seiner Nichtbeachtung bzw. Missachtung ebenso mehrdeutig wie die emphatische Behauptung, dass es ohne »Anstand« nicht gehe. Die alte Vokabel dient nicht nur als Beschreibung eines in der Gegenwart schmerzlich vermissten sozialen Regelkomplexes, sondern auch als Chiffre für das Suchen nach Ressourcen und Instrumenten, wie der Umgang miteinander in den alltäglichen und auch in besonders herausfordernden Situationen besser gelingen könnte, als es sich für einen kritischen Beobachter und Analysten darstellt. Eine ähnliche Funktion als moralische Vermisstenanzeigen haben auch die häufigen und betonten Plädoyers für »die Werte«, die fast modische Beschwörung von »Respekt«, »Takt«, »Anerkennung« und »Wertschätzung«.

Zieht man Erkundigungen ein, welche konkreten Inhalte mit solchen symbolischen Chiffren in Blick genommen oder gemeint sein könnten[20], so zeichnen sich die Konturen einiger elementarer Situationen ab. Zu diesen gehört mit an vorderster Stelle die mündliche Kommunikation mit anderen in den Standardkontexten des Zusammenlebens in der Familie, in der Paarbeziehung, in der (nicht selbst gewählten) Nachbarschaft von zugleich kooperierenden und konkurrierenden Kollegen, aber auch in der Auseinandersetzung mit Vertretern anderer Meinungen und politischer Überzeugungen. Zuhören, Ausreden lassen, nicht ins Wort fallen, bei allen sachlichen Differenzen nicht beleidigen sind die substanziellen Erwartungen, die Differenzen zwischen aufeinandertreffenden Menschen mäßigen bzw. aushalten lassen, Konflik-

---

19 Damit hängt zusammen, dass »Anstand« neben der guten auch eine belastete Tradition hat. Auch die Moralerziehung und Propaganda des Nationalsozialismus benutzte diesen Begriff. Als Beispiel sei genannt: Erich Kühn, »Schafft anständige Kerle!«, Berlin/Leipzig 1938.
20 Dazu u.a. Karl-Heinz Götte, Zeiten und Sitten. Eine Geschichte des Anstands, Stuttgart 2009; Axel Hacke, Über den Anstand in schwierigen Zeiten und die Frage, wie wir miteinander umgehen, München 2018.

I. Das Phänomen

te vermeiden und besseres Verständnis füreinander ermöglichen können.

Die grundlegende Aufforderung zuzuhören und alles zu unterlassen, was die Möglichkeit und Chancen eines Gesprächs zerstört, ist heute auch von großer Bedeutung für die politische Verständigung in der demokratischen Gesellschaft. Es gibt immer mehr Themen, die hochkomplex sind und schillern.[21] Sie schaffen nicht aus sich selbst heraus Klarheit, und diese lässt sich auch nicht durch einen staatlichen Akt verordnen noch durch mehrheitliche Abstimmung entscheiden. Voraussetzungen einer Klärung sind gründliche Informationen, ausgiebige Reflexion und Auseinandersetzungen. Schematische Zuordnungen, dialektische Positionierungen (wer etwas Kritisches dazu sagt, wird sofort der extremen Gegenpartei zugeordnet) und die umgehende Weigerung, sich die Sorgen und Bedenken und Erfahrungen derer, die eine andere Meinung äußern, anzuhören, boykottieren von vornherein die Möglichkeit einer Verständigung und vertiefen und verhärten noch oberflächliche »Spaltungen«. Wie das Pflegen von Ressentiments, die Ungeduld des Be- und Abwertens und die Weigerung, der anderen Seite überhaupt oder weiterhin zuzuhören, kann auch die umgehende und durch technische Medien in Gang gesetzte Skandalisierung ungeschickter Formulierungen, Blicke und aus dem Zusammenhang isolierter Expressionen Gift sein für die Wertschätzung des Gemeinsamen und die Suche nach Möglichkeiten der Verständigung angesichts bestehender Differenzen und Perspektiven.

Eltern in Familien und Erzieher in pädagogischen Einrichtungen sind in aller Regel darauf bedacht, den ihnen anvertrauten Kindern schon von Anfang an »beizubringen«, dass wahrgenommene Not anderer mit Aufmerksamkeit und Hilfsbereitschaft,

---

21 In einer Kolumne für die Süddeutsche Zeitung (Ausgabe vom 18.11.2023) hat die Publizistin und Friedenspreisträgerin Carolin Emcke unter der appellativen Überschrift »Zuhören lernen« dies anhand der aktuell vieldiskutierten Komplexe Antisemitismus, Nahost-Konflikt und Rassismus näher erläutert.

Entbehrung mit Teilen, Besitz mit Verzicht und Abgeben, Anders-Sein mit Anerkennung und Wertschätzung beantwortet werden. Die Wahrnehmung der Anderen soll aus einer teilnehmenden Perspektive erfolgen, obschon das den Erwachsenen selbst schwerfällt. »Anstand« kann für sie auch heißen, sich der Benutzung etablierter Vorurteile und rascher Bewertungen und erst recht Verurteilungen zu enthalten.

Begegnungen mit anderen sollen möglichst immer in einer Atmosphäre der Freundlichkeit und des Wohlwollens stattfinden. Entscheidende Faktoren hierfür sind Begrüßung, Dankbarkeit und die Bereitschaft, Vertrauen entstehen zu lassen. Wo Menschen mit ausgeprägt unterschiedlichen Merkmalen z.B. des Lebensalters, des Geschlechts, der Muttersprache, der kulturellen Herkunft oder der Religion beteiligt sind, beinhaltet »Anstand« besondere Rücksichtnahme, Zurückhaltung und Offenheit für Fremdes und Unvertrautes.

Noch immer kann ein engagiertes Plädoyer für »Anstand« auch erotische Assoziationen hervorrufen. In liberalen Gesellschaften ist anders als in restriktiven mit autoritären Strukturen Kleidung ein Lebensbereich, der der individuellen Gestaltung und Selbstdarstellung gegenüber den Anderen überlassen ist. Dennoch gibt es nach wie vor Kontexte und Situationen, in denen »Anstand« das Bedürfnis an Privatheit vor der Neugier vieler oder auch der Öffentlichkeit schützen und zugleich andere, etwa Jugendliche, vor aufreizender oder Übergriffigkeit ermöglichender Nähe bewahren möchte. Angemessene Kleidung beim gemeinsamen Lernen in der Schule, bei der Teilnahme an einem Begräbnis, beim Baden am Strand oder bei einem Ball im Grand-Hotel sieht trotz aller Kreativität und Freiheit der Selbstdarstellung jeweils anders aus.

I. Das Phänomen

Kategorien populärer Moralkritik

Alltag ist beides, nämlich ein Ort und der vorgefundene Kontext, in dem sich das Leben zum großen Teil abspielt und von dem das Denken, Handeln und Empfinden durchwirkt und geformt wird; aber auch die Form und ein brauchbares Instrument, durch das die Einzelnen ihr Dasein gestalten und mit dessen Hilfe sie sich gegenüber den Anderen darstellen und ihr Handeln zu rechtfertigen versuchen. Aus der Verschiedenheit von Reden und Tun ergibt sich aber auch die Möglichkeit, dass beides auseinanderklafft.

Derartiges Auseinander-Klaffen, egal ob kleiner oder größer, sind wir im Alltag bereit hinzunehmen, sofern der Grund dafür in mangelndem Können oder in der Begrenztheit der jeweiligen Kenntnisse liegt. Hingegen empört es uns in dem Maße, wie es Folge menschlicher Absichten oder unterlassener, aber möglicher Wahrnehmung ist. Die Gefahr dazu ist überall da gegeben, wo moralische Forderungen erhoben werden und wo Menschen – aufgrund ihrer Rolle, eines Amtes, ihres sozialen Ansehens oder aus eigener Ermächtigung – sich moralisch etwas zugutehalten. Das Wissen darum ist auch in der Alltagsmoral präsent. Die kennt mehrere Spielarten dieser Gefahr; sie werden mit sprechenden Ausdrücken bezeichnet:

Eine der verbreitetsten ist »*Doppelmoral*«. »Doppelmoral« ist kein Terminus der ethischen Theorien, sondern eine populäre kritische Charakterisierung des Bestehens und Belassens von zwei oder mehreren moralischen Ansprüchen. Dabei sind mit »Moralen« nicht oberste Moralprinzipien oder gar komplexe Moralsysteme gemeint, die zur selben Zeit anerkannt würden. Vielmehr geht es um das Bewerten desselben oder ganz ähnlichen Verhaltens mit zweierlei Maß durch ein und dieselbe Person oder Gesellschaft; man könnte auch sagen, um die Diskrepanz und offensichtliche Widersprüchlichkeit bei der Beurteilung als gut bzw. schlecht. Wenn Umwelt-Aktivisten sich vor der Öffentlichkeit darüber erregen, dass »die« Politik viel zu wenig gegen die Verschlechterung des Klimas tue, ist es Ausdruck von Doppelmoral, wenn manche von ihnen für den eigenen Urlaub die Möglichkeiten des Fliegens benutzen. Und wenn sich die Spitze eines Unternehmens in der Öffentlichkeit zur Bekämpfung von Korruption bekennt, ist es Ausdruck von Doppelmoral, wenn sie Geschäftspartner im Ausland oder Mitarbeiter von Behörden mit Geld oder Gefälligkeiten dazu bewegt, einen Auftrag zu erhalten.

Bisweilen wird das kritisierte Verhalten auch mit Derivaten der Wortgruppe »*Pharisäertum*« bezeichnet. Dabei handelt es sich um eine Anspielung auf die in Lk 18, 9–14 berichtete Gleichniserzählung Jesu vom Beten eines Zöllners und eines Pharisäers. Die im biblischen Kontext aufrüttelnde, weil ein fixes Selbstbild erschütternde Entgegensetzung ist im Alltagswissen aber ihrerseits zu einem problematischen Klischee für »hohlen Formalismus und selbstgerechten Legalismus« geworden, insofern sie die Figur des Pharisäers pauschalisiert hat und der Frömmigkeitspraxis dieser religiösen Strömung weder damals noch später gerecht wird.[22]

Eine andere Spielart des Auseinander-Klaffens zwischen Reden und Tun firmiert in der Alltagsmoral unter den Begriffen »*Scheinheiligkeit*« und »*Heuchelei*«. Gerügt wird mit beiden Begriffen ein kalkuliertes Vorgehen einzelner, das darauf zielt, bei bestimmten Dritten oder bei der Öffentlichkeit die Illusion über eigenes normentsprechendes Verhalten entstehen zu lassen oder aufrechtzuerhalten. Umgangssprachlich ist dann gern auch von einem »so tun als ob« (zu ergänzen: »man sich an die anerkannten Standards halten würde«) die Rede. In Wirklichkeit jedoch »spielt« der Scheinheilige falsche Tatsachen über sich und seine Absichten »vor« und täuscht die, die ihn beobachten. Es geht ihm eben weder um ein wahres Bild seiner Person noch um die Wahrheit und Bestätigung der geltenden moralischen Norm durch sein

---

[22] Christian Strecker, Art. Religiöse Bewegungen, 3. Pharisäer, in: Frank Crüsemann u.a. (Hg.), Sozialgeschichtliches Wörterbuch zur Bibel, Gütersloh 2009, 477–478, hier: 478. S. auch Markus Tiwald, Frühjudentum und beginnendes Christentum. Gemeinsame Wurzeln und das Parting of the Ways, Stuttgart 2022, 127–131; 133; 136.

Handeln, sondern nur um den inszenierten Anschein, dass er der von den Anderen für verbindlich erachteten Norm entspricht. Das entscheidende Motiv des Handelns ist die Annahme, dass die formale Befolgung der Norm ihn selbst in einem günstigen Licht erscheinen lässt.

Hierbei könnte man noch einmal zwei Versionen unterscheiden, nämlich einerseits die Heuchelei dessen, der sich auf öffentlicher Bühne über Verhaltensweisen und Einstellungen empört, die er selbst im Raum der Privatheit übt oder billigt. Und andererseits die Heuchelei in der Form, dass jemand im Bezug auf Andere Verhaltensweisen als verwerflich kritisiert, die er sich selbst durchaus herausnimmt. Geht es bei der ersten Spielart um die Inkonsistenz zwischen privatem und öffentlichem Verhalten, so bei der zweiten um eine Inkonsistenz infolge einer Selbstprivilegierung.

Auch Gesellschaft und öffentliche Meinung können vielfach scheinheilig sein, wenn sie auf der einen Seite rigide gegen kleinste Anzüglichkeiten vorgehen und harmlose Berührungen unter schlimmste Verdächtigung stellen, aber andererseits Kinder und Jugendliche nicht vor härtester Pornografie und der medialen Präsenz brutalster Gewaltszenen schützen.

Eine weitere Spielart alltagsmoralischer Kritik ist der Hinweis auf *Diskrepanzen zwischen den Worten und den Taten* einer Person oder Gruppe. Auch solche Kritik kann sowohl an einzelnen Personen und Amtsträgern wie auch an Institutionen und sogar Regeln geübt werden. Zugleich kann sie durchaus verschieden akzentuiert sein:

So kann sie erstens auf den Gegensatz zwischen einem in der Theorie vertretenen Ideal und der Beharrungstendenz der konkreten etablierten Verhältnisse gemünzt sein und damit die Lebensferne und den mangelnden Realismus von gesellschaftlichen Eliten bloßstellen wollen. Sie kann aber zweitens auch auf das Fehlen von naheliegenden praktischen bzw. politischen Konsequenzen bereits vorhandener Einsichten hinweisen wollen. Schließlich besteht eine weitere, dritte Möglichkeit darin, dass die Widersprüchlichkeit zwischen Versprechungen, die in der

Vergangenheit strategisch gegeben wurden (etwa vor einer Wahl), und der Anstrengungen und Kleinarbeit, der es bedürfte, um das Versprochene auch anzugehen und ins Werk zu setzen, getadelt wird.

Für alle drei Formen der Kritik gibt es nicht klassische paradigmatische Fälle. Vielmehr kommt es im alltäglichen Geschehen immer wieder und laufend zu Konstellationen und Reaktionen, die exakt den Verdacht auf das Vorliegen einer dieser drei Kritik-Figuren hervorrufen oder dahingehende Urteile als berechtigt erscheinen lassen.

Das Kavaliersdelikt und andere moralische Reminiszenzen in der Alltagssprache

Sowenig wie die Alltagsprache ist auch die Alltagsmoral ein von der Entwicklung der Lebenswelt losgelöster, »ab-soluter« Komplex aus werbenden Idealen und aus als verpflichtend oder verboten Geltendem. Sie partizipiert vielmehr am geschichtlichen Wandel, auch wenn manche ihrer Forderungen und Impulse zum sogenannten Zeitgeist quer liegen und vielen Einzelnen Spannungen zumuten und die Bereitschaft zu Korrekturen, im Einzelfall sogar zur Negation abverlangen. Das benötigt manchmal seine Zeit, so dass die Veränderungen der Alltagsmoral erst mit einer gewissen Zeitverschiebung zu den Veränderungen in der Lebenswelt in Erscheinung treten oder bemerkt werden.

Nach der umgekehrten Richtung hin bewahren Alltagsbewusstsein und Alltagssprache trotz ihrer Entwicklung auch moralische Kategorien auf und geben sie weiter, die ihren Ursprung und ihren plausibilisierenden Kontext in der Vergangenheit haben. Trotzdem sind sie in der gegenwärtigen Alltagswirklichkeit keine Fremdkörper, sondern ganz »normale«, manchmal vielleicht etwas schillernde Bestandteile der Alltagssprache und der alltäglichen Verständigung. Im Gegensatz zu den im vorigen Kapitel vorgestellten Kategorien ist die Funktion dieser sprachlichen

»Erbstücke« aber nicht auf die Kritik moralbezogenen Denkens und Handelns beschränkt, sondern kann, wie beispielsweise der Ausdruck »Sündenbock« auch, ein bestimmtes Verhaltensmuster unüberbietbar auf einen Begriff bringen oder, wie am Beispiel »Kavaliersdelikt« deutlich wird, auch zur Verharmlosung und Abschwächung von moralischen Ansprüchen dienen.

Und in der Tat verweist der Begriff »*Kavaliersdelikt*« ja in die weit zurück liegende Epoche der geburtsständischen Gesellschaftsordnung, in der »Kavaliere«, also Angehörige des Adels, sich »unter Ausnutzung einer rechtlichen oder faktischen Vorzugsstellung« bestimmte Verhaltensweisen – durchweg Übertretungen von existierenden rechtlichen Verboten, moralisch eigentlich unerlaubte Freizügigkeiten sexueller Art oder auch Sachbeschädigungen infolge rücksichtslosen Jagens – »herausnahmen«.[23] Im heutigen Sprachgebrauch ist diese Verbindung mit Reservierung für Angehörige der Oberschicht weitgehend entfallen und gilt als ungerecht, ebenso wie die Assoziation, es handle sich bei den so bezeichneten Handlungsweisen »bloß« um vergleichsweise unbedeutende und nur selten vorkommende Verstöße.

Der Gebrauch der Redeweise vom Kavaliersdelikt zielt heutzutage vielmehr auf den Umstand, dass Täter und Sympathisanten, vielleicht sogar größere Teile der Öffentlichkeit oder bestimmte Altersgruppen die Ansicht teilen, dass bestimmtes Fehlverhalten »in Wirklichkeit«, das bedeutet in diesem Zusammenhang nicht weniger als: nach Überzeugung der Mehrheit oder sogar des größeren Teils der Öffentlichkeit, kein ernsthaftes Delikt und infolgedessen nicht verfolgungswürdig sei oder allenfalls als Bagatellverstoß zu gelten habe. Zu diesem Fehlverhalten zählen Steuerschummelei, überhöhte Abrechnung von Spesen, Schmuggeln über Landesgrenzen hinweg, Schwarzfahren, das Mitnehmen von

---

23 Christian Helfer, Das Kavaliersdelikt, in: Monatsschrift für Kriminologie und Strafrechtsreform 50 (1967), 175–192, hier: 175.

Materialien vom Arbeitsplatz, Versicherungsbetrug, das Geben und Annehmen von Geschenken und Vorzugsbehandlung in Verbindung mit erwarteten Dienstleistungen u.a.m.[24] trotz der Tatsache, dass es offiziell missbilligt wird und durch das staatliche Recht sanktioniert ist.

Eine ähnliche Entlastungs- und Verharmlosungsabsicht kann auch der Rede von einer »*Jugendsünde*« insbesondere prominent gewordener Personen haben. Freilich ist hier in manchen Fällen auch das berechtigte Interesse im Spiel, die betreffende Person nicht ein ganzes Leben lang für einen in frühen Jahren begangenen Fehler haftbar zu machen, so dass ihr mehr oder weniger die Fähigkeit zu lernen und die Möglichkeit, ihre Auffassungen und ihr Verhalten korrigiert zu haben, für den auf diese frühen Jahre folgenden Teil der Biografie abgesprochen wird.

Die Klassifizierung eines Fehlverhaltens als Kavaliersdelikt ist heute allenfalls in seltenen Fällen penetranter Dreistigkeit als Versuch handelnder Personen vorstellbar, ihr Verhalten vor sich selbst und gegenüber der Öffentlichkeit als nicht gravierend, sondern als geringfügig und im Grunde harmlos darzustellen. Und selbst da, wo bestehende Verbote oder gesetzliche Bestimmungen bewusst ignoriert und durchbrochen werden (etwa im Verkehr, bei der Entsorgung kontaminierter Materialien oder beim Arbeitsschutz), wird niemand mehr versuchen, dies mithilfe des Begriffs Kavaliersdelikt zu entschuldigen.

Die Einstufung als Kavaliersdelikt kommt so gut wie immer von außen, also aus der Perspektive von nichtbeteiligten Beobachtern, und ist ironisch gemeint. Sie hat ganz offensichtlich und paradoxerweise entlarvende und anklagende Funktion. Im Grunde ist also die Bezeichnung bestimmter Handlungen als Kavaliersdelikt eine eindeutig negative Bewertung geworden, die in ihrem sprachgeschichtlichen Verweis auf eine längst vergangene Gesellschaft geradezu ein Moment sozialer Verachtung enthält,

---

24 Ausführlichere Beschreibungen einiger der genannten Formen bei Helfer, Kavaliersdelikt, 177–185.

I. Das Phänomen

der formal häufig durch Anführungszeichen kenntlich gemacht wird.

Bisweilen ist aber auch die betonte und eigentlich überflüssige Versicherung, dass ein bestimmtes Fehlverhalten, etwa Korruption, auch dort, wo sie gang und gäbe ist, kein Kavaliersdelikt sei, der appellative Weg, die Öffentlichkeit, die Akteure der Wirtschaft und der Politik, aber auch die Parlamente und die Gerichte »endlich« zu höherer Sensibilität und konsequenterem Einschreiten zu bewegen und damit den Vorwurf, sie unternähmen nichts gegen die latenten doppelmoralischen Standards, auszuräumen.

Eine ganz ähnliche Entwicklung lässt sich auch beim Gebrauch des Begriffs »*Herrenwitz*« konstatieren. Dieser Sorte werden anzügliche und doppeldeutige Bemerkungen sexuellen Inhalts zugeordnet, die gesellschaftliche Tabus und Schamgrenzen gegenüber einem anderen Geschlecht kalkuliert ausschöpfen oder durchbrechen. Auch diese Charakterisierung von Redeweisen, Bildern und Erzählungen als typisch männlichem Humor wird heute kaum noch von jemandem als offene Entschuldigung für beleidigende Äußerungen über bzw. gegenüber einer bestimmten weiblichen Person oder auch über Frauen überhaupt akzeptiert. Gleichwohl existiert der Begriff in der Alltagssprache fort und wird sowohl von Betroffenen (»Opfern«) als auch von Beobachtern und besonders Beobachterinnen zur Abwehr oder auch zur vorsorglichen Warnung und zur ironisierenden Disqualifizierung von grenzverletzenden Äußerungen benutzt.

Die Alltagssprache bewahrt noch eine Reihe weiterer solcher moralischer Begriffe aus längst vergangenen Zeiten auf. Zu ihnen gehören zum Beispiel die Begriffe »Ehrenwort«, »Manieren«, »Höflichkeit«, »Kuhhandel«, »Courage« und auch »Revanche«. Die sollen aber an dieser Stelle nicht im Einzelnen erörtert werden. Stattdessen soll nur der gängige Begriff »*Sündenbock*« näherer Aufmerksamkeit unterworfen werden. Mit diesem Bild ist ein Muster des Umgangs mit wahrgenommenen Fehlern, Vorwürfen und Verdachten eingefangen, das sowohl für den Bereich der Nahkommunikation wie auch für den Bereich der öffentlichen

Kommunikation typisch ist. Im Kern geht es dabei um eine reflexhafte Weigerung, im Fall eines offensichtlichen Fehlers oder wenn etwas »schief gelaufen« ist, die Ursache dafür zuerst oder auch bei sich selbst zu vermuten, und um die mit solcher Abwehr verbundene Tendenz, die Schuld bzw. Verantwortung einschließlich des dadurch ausgelösten sozialen Unmuts aktiv anderen Personen oder ganzen Gruppen von Personen zuzuweisen, die sich anhand eines bestimmten Merkmals leicht benennen lassen und sich meist nicht dagegen wehren können. Das können im Nahumfeld die Kleinsten sein, in einer Gesellschaft Minderheiten, in den politischen Tagesdebatten manchmal auch Behörden und Institutionen. Der Sündenbock ist also der vielleicht Nichtschuldige, auf den von den Einen oder Anderen die Schuld »geschoben« wird.

Der Sündenbock-Mechanismus[25] ist die emotionale Grundlage für viele gesellschaftliche Vorurteile.

Der Begriff selbst ist eine Sprachschöpfung Martin Luthers und geht auf das Ritual des Versöhnungstags im Judentum zurück, in dessen Liturgie die zuvor bekannten öffentlichen wie auch individuellen Sünden symbolisch auf einen von zwei Ziegenböcken aufgeladen wurden, der anschließend »in die Wüste geschickt« (zutreffender: gejagt) wurde, während der andere geopfert wurde. Die Prozedur ist in Lev 16, 8–21 normierend geschildert.

---

25 Die Literatur zu diesem Thema ist multidisziplinär und sehr umfangreich. Für die Theologie sei nur auf die Autoren René Girard (Der Sündenbock, Zürich 1988) und Raymund Schwager SJ (Brauchen wir einen Sündenbock? Gewalt und Erlösung in den biblischen Schriften, München 1986) verwiesen.

II. Spuren und Kontexte expliziter Reflektion

Ideale des alltäglichen Lebens und Handelns

Was von den Einzelnen als alltägliches Leben erfahren wird, setzt sich in Wirklichkeit aus einer ganzen Kette von Situationen zusammen. Diese werden bei und trotz ihrer von Mal zu Mal anderen konkreten Umstände unterschwellig als irgendwie zusammenhängend und ähnlich empfunden, insofern sie sich sozial-kulturell wie auch »von innen« als durch starke, aber allgemeine Geltungen herausgefordert und orientiert erfahren. Diese fordernden, zugleich aber wenig präzisen Orientierungsmuster, denen das Verhalten folgen soll, bezeichnet man üblicherweise als Ideale. Einzeln für sich kann man solche Ideale in Abhandlungen über Erziehung, in Ratgebern, in Ansprachen zu feierlichen Anlässen (z.B. zum Beginn oder zum Ende der Schulzeit), auch in Leitbildern und Präsentationen von Bildungseinrichtungen, auf Emblemen von Vereinen sowie in Anleitungen zu einem guten Leben in der einen oder anderen Spielart antreffen. Akkumuliert und im Zusammenhang thematisiert bilden sie so etwas wie eine Alltags-Ethik, wobei die für eine Ethik im strengen Sinn charakteristischen Züge von Formalität, Systematik und Kohärenz typischerweise fehlen. Trotzdem ist die Rede von einer lockeren Form von »Ethik« nicht einfach deplatziert, geht es doch immerhin um eine Gesamtheit bzw. eine zusammenhängende Reihe von benenn- und beschreibbaren Leitmustern, die nicht rein subjektiv sind, sondern auch als sozialer Geltungskomplex auftreten und bei aller individuellen Färbung ganz offensichtlich auch ein wichtiger Faktor für die Zusammengehörigkeit sind und Potenzial für Gemeinschaftsstiftung und -stärkung haben. »In jeder ihrer Dimensionen wirkt die Alltäglichkeit auf den Menschen sowohl fremdbestimmend als auch relative Selbstbestimmung einräumend. Sie zeichnet die Rahmen vor, in denen der Mensch alltäglich festgelegt ist, wie auch jene, in denen er eigenschöpferisch denken, fühlen und handeln kann.«[26]

Im Unterschied zu einer systematischen Abhandlung gehört zu einer zusammengestellten Reihe von Idealen auch, dass sie offen und unabgeschlossen ist, so dass die einzelnen Glieder stets nur einen lockeren Verbund bilden, der durch neue Glieder verlängert werden kann, während andere wiederum an Bedeutung verlieren. Zur Liste der unumstrittenen und jederzeit erwünschten Ideale für das alltägliche Leben dürften aber so gut wie immer gehören: Höflichkeit, Rücksichtnahme und Hilfsbereitschaft.

Höflichkeit[27] gehört seiner Wortbedeutung nach zu jener bereits erwähnten Gruppe von normativen Begriffen, die auf die längst überwundene ständische Gesellschaft verweisen, in der das Verhalten bei Hofe der Maßstab des richtigen Benehmens war. Heute wird »Höflichkeit« aber oft bloß oberflächlich verstanden als Synonym für Angepasstheit an die herrschenden Konventionen. Die souveräne Beherrschung der sogenannten Etikette und der äußere Anschein vollendeter Förmlichkeit vertragen sich aber durchaus mit Zynismus und niederträchtigen Zielen. Dafür haben Funktionsträger des Dritten Reiches viel Anschauungsmaterial geliefert. Insofern kann Höflichkeit ähnlich problematisch sein wie ein Gehorsam, der sich auf die äußerliche Ausführung von Anordnungen einer Autorität beschränkt.

---

26 Thurn, Der Mensch im Alltag, hier: 32.
27 Zu diesem Thema s. auch Andreas-Pazifikus Alkofer, Konturen der Höflichkeit. Handlung – Haltung – Ethos – Theologie. Versuch einer Rehabilitation, Würzburg 2005. Diese Arbeit ist eine unerschöpfliche Fundgrube für Gedanken und Theoreme, weist allerdings beim Versuch, die diversen Konzepte, Typen und Phänomene von Höflichkeit möglichst vollständig zu erfassen, Schwächen auf.

Als der später für Anleitungen zu Höflichkeit und Anstand namensgebend gewordene Adolph Freiherr von Knigge 1788 seinen Klassiker »Über den Umgang mit Menschen« schrieb – übrigens zeitgleich zu Kants »Kritik der praktischen Vernunft« –, ging es ihm nicht um die Einhaltung der Formen an sich, sondern um den darin und mit ihrer Hilfe stattfindenden gesitteten Umgang zwischen den Menschen.[28] Dieser gesittete Umgang sollte sich dadurch auszeichnen, dass die Menschen sich nicht roh, impulsiv und »wild« benehmen sollten, sondern gebildet, erzogen und sich selbst disziplinieren könnend. Hinter der äußeren Höflichkeit, mit der man sich begegnet und die einem in der Erziehung vermittelt wurde oder die man sich selbst antrainiert hat, steht die Achtung vor dem Anderen. Höflichkeit gilt hier gleichermaßen als Vorbedingung, Grundlage und Weg zu einem moralisch-wertschätzenden Umgang mit Anderen. Wo die Höflichkeit auf Dauer nur äußerliche Korrektheit und Schein bleibt, gerät sie in Widerspruch zur Person und kann im Extremfall zum Deckmantel mörderischer Absichten werden.[29]

Rücksichtnahme beinhaltet nicht nur zuvorkommendes Verhalten gegenüber einer Person als solcher, die die eigenen Wege kreuzt. Vielmehr umfasst das Rücksichtnehmen auch deren Gefühle, Interessen und Leistungen. Es geht nicht weniger als um deren Verständnis. *Hilfsbereitschaft* lässt sich von Hilfsbedürftigkeit bzw. Not des anderen tangieren. Zugleich verlangt sie, etwas von sich zu geben, zum Beispiel Zeit, Energie, Sachmittel, bisweilen auch das Eingehen eines Risikos.

---

28 Eine von Iring Fetscher besorgte (gekürzte) Taschenbuch-Ausgabe erschien im Fischer-Verlag Frankfurt a. M. 1962.
29 Weiterführend hierzu André Comte-Sponville, Ermutigung zum unzeitgemäßen Leben. Ein kleines Brevier der Tugenden und Werte, Reinbek 1996, 19–27. Eine grundlegende und möglichst viele Aspekte umfassende Rehabilitation hat Andreas P. Alkofer in seiner moraltheologischen Qualifikationsschrift Konturen der Höflichkeit. Handlung – Haltung – Ethos – Theologie, Würzburg-Norderstadt 2006, versucht.

II. Spuren und Kontexte expliziter Reflektion

Wichtige Voraussetzungen für Rücksichtnehmen und Hilfsbereitschaft sind Empathie und Respekt. *Empathie* ist eine Art des Verstehens einer anderen Person, die besonders auf das Erleben des Anderen und seine damit verbundenen Gefühle achtet und diese Wahrnehmung zur Grundlage des eigenen (und des institutionellen) Handelns macht.[30] Empathie ist nicht bedeutungsgleich mit »Mitleid«. Aber sie kann in solches übergehen, wo immer sich jemand berühren lässt vom Leiden eines Anderen und sich dadurch in seinen eigenen Potenzialen herausfordern lässt. Ein empathischer Mensch ist auch jenseits der Überlegung der Gegenseitigkeit (das bedeutet: ich könnte in die gleiche Lage kommen) und der Ritualisierung (das gehört sich eben) bereit, Hilfe zu leisten. *Respekt* beinhaltet neben der allgemeinen Anerkennung und dem Interesse für die andere Person auch Aufmerksamkeit und Wertschätzung für deren soziale Stellung und berufliche Leistung, für die Kenntnisse und besonderen Erfahrungen, die jemand sich erworben hat. Das schließt auch Fremdartiges ein, das sich dem Beobachter nicht sofort erschließt. Deshalb gehört zum Respekt auch das bedachtsame Zuhören, was jemand sagen möchte. Aktuell wird häufig über Respekt als etwas geklagt, das fehlt oder abhandengekommen zu sein scheint. Dabei geht es vornehmlich um gezielte Unfreundlichkeiten und auch aggressives Verhalten gegenüber Polizisten, Feuerwehrleuten, Rettungssanitätern und Lehrern. Sie werden als Repräsentanten des Staats und seiner institutionellen Macht wahrgenommen und angegriffen. Die ostentative Verweigerung des Respekts ist die demonstrative Ausdrucksform einer gezielten Missachtung von Organen des Staates, die durch die jeweiligen Uniformen oder durch den Ort der beruflichen Tätigkeit repräsentiert ist.

Empathisches Gespür und Aufmerksamkeit vor sozialer und beruflicher Leistung bringen unwillkürlich auch Möglichkeiten von Grenzüberschreitung und Verletzung mit sich. Deshalb ist

---

30 Näheres s. Hanspeter Schmitt, Art. Empathie, in: Eckhard Frick/Konrad Hilpert (Hg.), Spiritual Care von A bis Z, Berlin/Boston 2021, 73–75.

immer auch Zurückhaltung gegenüber dem ganz Persönlichen und erst recht dem Intimen wichtig – in der direkten Begegnung wie auch beim Handeln im Auftrag einer Institution. Dieses Anliegen nennt man mit einem alten Wort, dem der gebräuchliche Ausdruck Verschwiegenheit nur zum Teil entspricht, *Diskretion*. Sie verlangt Zurückhaltung bei der Weitergabe aller Informationen und Erkenntnisse, die den persönlichen Bereich betreffen und die zu erfahren die Öffentlichkeit und Nicht-Betroffene keinen Anspruch haben, genauso wie bei der Beurteilung der Person, ihrer Fehler, ihrer Nöte und ihrer intimsten Wünsche.

Die bisher umrissenen Ideale beziehen sich auf die sozialen Interaktionen im Nahraum. Es gibt daneben auch Ideale, die sich an das Ich selber richten und von ihm reflexive Selbstprüfung und Selbstgestaltung verlangen. Die Erwartung, die damit verknüpft ist, wird mit »Echtheit«, manchmal auch altmodisch mit »Ehrlichkeit« und in jüngerer Zeit meistens mit »*Authentizität*« umschrieben. Authentizität lässt sich etwa so umschreiben: Jeder, vor allem aber Träger einer Rolle oder Verantwortung, soll sich nicht in Szene setzen, also schauspielern, sondern sich so geben, wie er oder sie wirklich ist, also aufrichtig und unverstellt und, was in der Umgangssprache »normal« genannt wird, auftreten.

»Authentizität« meint vom Ursprung des Wortes her nicht eine intersubjektiv definierbare konkrete Eigenschaft, sondern die glaubwürdige Übereinstimmung von subjektiver Erwartung und subjektiver Beobachtung[31] seitens anderer - in einem gesellschaftlichen Kontext, der infolge von Globalisierung, Pluralisierung und Digitalisierung unübersichtlicher und uneindeutiger wird. Die Sehnsucht nach Authentizität sei, so der Literaturwissenschaftler Erik Schilling, »als Gegenbewegung dazu« zu lesen.[32] Als normatives Ideal sei sie nur insofern sinnvoll, als sie sich auf die Selbstbeobachtung beziehe und die Widerspruchsfreiheit

---

31 Erik Schilling, Authentizität. Karriere einer Sehnsucht, München 2020, 17.
32 Ebd. 18.

zwischen dem Verhalten einer Person und ihren Erwartungen an sich selbst einfordere.[33]

---

[33] Vgl. ebd. 23. Eine gründliche Analyse des Strebens nach Authentizität und seiner Rolle in zeitgenössischen Ethikkonzepten bietet Jochen Sautermeister, Identität und Authentizität. Studien zur normativen Logik personaler Orientierung, Freiburg Schweiz/Freiburg – Wien 2013.

III. Geltungsansprüche im lebensweltlichen Umfeld

Elementare Beziehungsverhältnisse als Orte alltagsmoralischer Praxis

Menschen leben von klein auf in sozialen Beziehungen. Das wirkt sich nicht nur auf ihr Bewusstsein aus, sondern lässt auch in ihnen Bindungen entstehen, die mit Gefühlen besetzt sind und mit Verpflichtungen verbunden werden, von denen manche entlang von Mustern des Rechts und von Institutionen ausgestaltet werden.

Fallen diese Beziehungen und Bindungen durch schicksalhafte Konstellationen aus oder werden sie durch Einwirkungen von äußerer Gewalt auseinandergerissen oder dauerhaft belastet, kann es zu Störungen in der Entwicklung der Persönlichkeit kommen, die die gesamte weitere Biografie und das soziale Miteinander belasten und spezielle Interventionen und gesellschaftliche Vorsorge notwendig machen. Die Bereitstellung der entsprechenden Maßnahmen, die Pflicht der Gesellschaft zu helfen sowie Strukturen zur Vorbeugung und Eindämmung gehören zum Kompetenzbereich der Angewandten Ethik, die als Sozialethik, Pädagogische Ethik, Sozialpädagogik, Pflegeethik usw. die entsprechenden Reflexionen zur Politik, zur Entwicklung rechtlicher Strukturen und zur Ausgestaltung von spezialisierten Professionen für diese Felder vorantreibt.

Neben den Konstellationen, die eine dichte spezifische Reflexion und in der Praxis Professionalität erfordern, gibt es aber auch noch die Normalität der sozialen Alltagswelt, die in den expliziten

III. Geltungsansprüche im lebensweltlichen Umfeld

Überlegungen vergleichsweise wenig Aufmerksamkeit bekommt, weil sie solche auch schlicht weniger benötigt. Dass sie weniger thematisiert wird, heißt aber nicht, dass sie weniger wichtig noch dass sie selbstlaufend wäre. Im Gegenteil ist der hohe Reflexionsaufwand bezüglich der Störungen ein starker Hinweis auf die Wichtigkeit einer funktionierenden sozialen Alltagswelt. Und ihre nur scheinbare Selbstverständlichkeit ist gleichsam die Rückseite des beträchtlichen Engagements, das Tag für Tag Frauen und Männer, Mütter und Väter, Erzieherinnen und Erzieher, Lehrerinnen und Lehrer, Ehrenamtliche und engagierte Jugendliche an den Tag legen und investieren, um andere zu tüchtigen Mitgliedern der Gesellschaft zu machen und ihnen dabei zu helfen, selbständig ihr tägliches Leben zu gestalten. Deshalb wäre es auch falsch, die alltagsethischen Erfordernisse in Konkurrenz zu den ethischen und rechtlichen Spezialüberlegungen zu sehen. Recht und Politik sind vielmehr unentbehrlich, insofern sie sich um die Rahmenbedingungen zu kümmern haben, damit Alltagsmoral praktiziert werden kann.

Unter den Beziehungsgeflechten, die das soziale Leben der Einzelnen im Alltag tragen, unterstützen und prägen, rangieren an vorderster Stelle Familie und Freundschaft. Im Gegensatz zu letzterer, für die Wahl konstitutiv ist und die jederzeit durch einen Akt der Aufkündigung beendet werden kann, ist *Familie* ein Lebenszusammenhang, der vorgegeben ist und der auf Dauer ausgerichtet ist. Diese Dauerhaftigkeit ist alltagsmoralisch eine erhebliche Herausforderung, weil sie nicht nur das eigene Konstant-Bleiben einfordert, sondern auch die aufgabenmäßige und zeitliche Unbegrenztheit der Bereitschaft für die Anforderungen, die Säugling und Kind qua Konstitution (»Hilflosigkeit«) verlangen. Die Eltern müssen ihm, auch noch in der Phase, wo sie durch Experten für Wissen und grundlegende Kulturtechniken auf ihre spätere Rolle als Gesellschafts-Mitglieder und Bürger vorbereitet werden, helfen, mit den komplexen Anforderungen der Lebensführung in der technisierten, globalisierten und zunehmend auch digitalisierten Gesellschaft zurechtzukommen; und auch mit den spezifischen Schwierigkeiten, die damit zusammenhängen, etwa Süchten, Über-Konsum, Über-Information und Bilderflut, Druck zur Sofortbefriedigung.

Scheinbar entgegengesetzt zu diesem großen Input, in Wirklichkeit jedoch zusätzlich zu diesem verlangt die Entwicklung des Kindes von den Eltern das Ermöglichen der Selbständigkeit in Gestalt der Ablösung und des Loslassens.

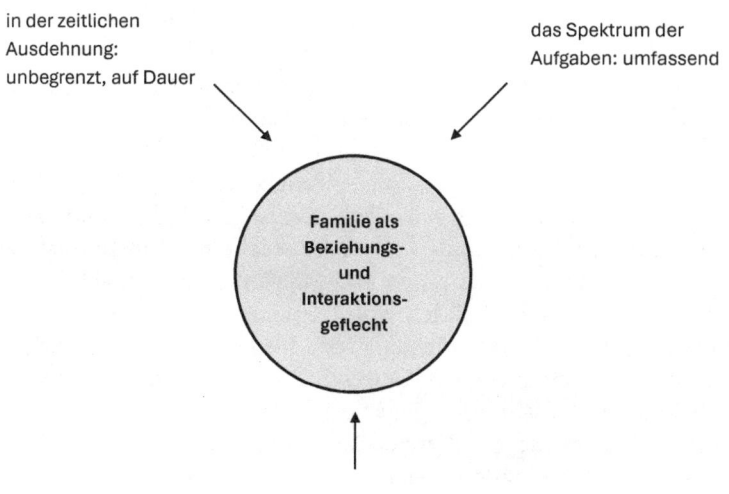

Abb. 2: Alltagsmoralische Erfordernisse für das Leben in der Familie

Auch die *Freundschaft* als elementare Form sozialen Erlebens und Gestaltens, die schon in der Philosophie der Antike stark

III. Geltungsansprüche im lebensweltlichen Umfeld

reflektiert wurde[34], kann weitreichende und langanhaltende Konsequenzen, aber auch Konflikte nach sich ziehen, obschon sie durch freien Entschluss und einen Akt des Wählens grundgelegt und im Vergleich zu familiären Beziehungen in der konkreten Ausgestaltbarkeit der Intensität plastischer, in der Verbindlichkeit durch Verknüpfung mit Bedingungen ausgestaltbarer und im Umfang der beiderseitigen Selbstverpflichtungen begrenzter ist. Das Element wortlos als angemessen erspürter oder im Zusammenhang von aufgearbeiteten Konflikten ausgehandelter Distanzen und Reservationsbereiche (Einkommen, andere Beziehungen, Sexualleben, politische Sympathien, ästhetische Vorlieben, Religiosität u.a.) erweist sich in vielen Freundschaften als mit der Überzeugung tiefgreifender Gemeinsamkeiten ebenso vereinbar wie die Erkenntnis von Verschiedenartigkeiten. Gleichwohl erhält sich Freundschaft nicht von selbst durch Gewohnheit und Dauer, sondern bedarf, gerade weil sie als solche nicht institutionalisierbar ist, der Akzentuierung und Pflege mittels Kontakten und Austausch. Freundschaft lebt von Gemeinsamkeiten im Denken, Erleben, Fühlen und Wertschätzen. Bleiben diese aus, wirken äußerliche Schranken wie Unterschiede an materiellen Gütern, an Bildung, an Jahren, in Zugehörigkeiten oder sozialem Status, die in einer lebendigen Freundschaft oft überwunden, außer Kraft gesetzt oder wenigstens relativiert werden können, schnell als harte Grenzen, aus denen Probleme entstehen können. Auf die Probe gestellt, weil belastet, wird jede Freundschaft durch großen zeitlichen Abstand, unterschiedliche Entwicklungen und Interessenverschiebungen der Freunde; dann kann Freundschaft leicht erodieren.

---

34 S. statt anderer nur Thurn, Mensch im Alltag, 116–128; Wilhelm Schmid, Auf der Suche nach einer neuen Lebenskunst. Die Frage nach dem Grund und die Neubegründung der Ethik bei Foucault, Frankfurt a. M. 2000, 347–352 (mit weiteren diachronen Schlaglichtern) und Konrad Utz, Freundschaft. Eine philosophische Theorie, Paderborn u.a. 2012.

Die alltagsmoralische Herausforderung der Freundschaft besteht in der Anerkennung des Anderen in seinen Eigenheiten, in der Erhaltung des gegenseitigen Interesses und in der Bereitschaft, etwas (nicht alles) von sich selbst preiszugeben.

Als weitere Formen einer intensiven, lebensprägenden Beziehung zu anderen, die von verschiedenen Individuen geteilt werden können und den Möglichkeitsraum zwischen ihnen und der Gesellschaft strukturieren, seien Schulklasse, Vereine und (Arbeits-)Kollegenschaft genannt. Auch Beziehungen in einer *Schulgemeinschaft* sind etwas, was mehr oder weniger schicksalhaft vorgegeben ist – durch das lokale Angebot an Bildungswegen, durch die Ausrichtung des Schulträgers, durch die Eltern als Erziehungsberechtigte und durch das Lebensalter. Allerdings kann innerhalb dieses Rahmens der Kameradschaft von dem betreffenden Einzelnen gewählt werden, mit wem er die schulspezifischen Erfahrungen – Lernen, Erfolg, Versagen, soziales Ansehen, Entdeckung der eigenen Stärken und Schwächen, Freizeitgestaltung, Freundschaft, Verantwortlichkeit u.a. – teilt und mit wem nicht. Klassen- und Schulfreundschaften sind vor allem dann, wenn sie kontinuierlich über mehrere Jahrgangsstufen bestehen und gepflegt wurden, oft lebensprägend, wie viele literarische Erzählungen und über viele Jahrzehnte bestehende Anhänglichkeiten bestätigen. Die prägende Kraft ist besonders stark, wenn die gemeinsamen Erfahrungen im Kontext einer auch die nichtschulischen Anteile umfassenden zusätzlichen Lebensgemeinschaft, wie es beispielsweise Internate sind, gemacht werden konnten.

Auch die *Mitgliedschaft in einem Verein*, der typischerweise auf einen bestimmten Zweck (Freizeitgestaltung, Sport, Musik, Bildung, gemeinsame Interessen, soziale Erfahrungen) ausgerichtet ist, beruht auf Freiwilligkeit. Der Verein als soziale Größe soll überdauern, auch wenn das einzelne Mitglied austritt oder stirbt und neue Mitglieder hinzukommen. Dennoch besteht die Mitgliedschaft des Einzelnen nur bis zur Erklärung des Austritts oder bis zum Erlöschen durch Tod. Vitalität, Attraktivität und prägende Kraft eines Vereins hängen in hohem Maß vom Engagement der einzelnen Mitglieder und vom »Geist«, der ihnen gemeinsam ist, ab. Das moralische Investment, das notwendig ist, besteht aus dem, was die Mitglieder, zumindest ein guter Teil von diesen, an Zeit, Ideen, Solidarität und Bereitschaft, bestimmte Aufgaben und Funktionen, für die sie eine Begabung haben, zu übernehmen, zur Verfügung zu stellen. Obschon sehr viele Menschen Mitglieder von Vereinen sind, nimmt die Bindung an sie in der Weise ab, dass die Dauer vielfach beschränkt ist und die Mitgliedschaft beendet wird, wenn der gemeinsam verfolgte Zweck an Attraktivität verliert oder durch konkurrierende Interessen nachrangig wird.

Präge- und eventuell Bindekraft von *Kollegenschaften* hängen u.a. von der Größe und Stabilität eines Unternehmens bzw. einer Einrichtung und der Art der ausgeübten Tätigkeiten ab. Der berufsbezogene Eintritt in das Unternehmen oder in die Einrichtung ist zwar ein einmaliger Akt der Wahl, während die Kollegenschaft in der Regel vorgefunden wird. Ob sich die Kollegenschaft zu einem dichten und auch emotional besetzten Sozialzusammenhang entwickelt, hängt vom Erleben des gemeinsamen Erfolgs, von wirtschaftlichen Randbedingungen, von der klugen Geschäftspolitik und einer guten Führung sowie vom Zusammenspiel der Belegschaft ab. Von großer Bedeutung ist auch die Betriebs»kultur«, also Feste, Anerkennung, Jubiläen, die Möglichkeit, innovative Anregungen zu geben, die individuelle Förderung der Mitarbeiter und der Umgang mit Konflikten. Die langjährige, gar lebenslange Zugehörigkeit zu ein und demselben Betrieb und damit auch eine über viele Jahre bestehende Kollegenschaft ist heute aufgrund der rasanten Entwicklung und der starken Spezialisierung von Aufgaben eher eine Rarität und kann vom einzelnen Arbeitnehmer nicht erwartet werden.

Elementare Beziehungsverhältnisse als Orte alltagsmoralischer Praxis

Bezeichnung	*konstituiert durch*	*Dauer*	*moralisch herausfordernd*
Familie	Zufall / Lebensumstände	lebenslang	zeitliche Konstanz, umfassendes Aufgabenspektrum, Loslassen
Freundschaft	Wahl	bis zur Aufkündigung	den Anderen in seiner Eigenart akzeptieren, Interesse, Selbstoffenbarung
Schulgemeinschaft	Wahl innerhalb eines gegebenen Rahmens	z.T. lebenslang, z.T. peripher	Teilen der Erfahrungen, gemeinsames Erinnern
Verein(e)	gemeinsamer Zweck	zeitlich begrenzte Mitgliedschaft in einem überdauernden Gebilde	Engagement an Zeit, Ideen, Initiativen und Verantwortung für die Anderen
Kollegenschaft	Arbeitswelt und förderliche Umstände (Unternehmenskultur)	vorübergehend, phasenweise	Solidarität, Engagement für ein gutes »Klima«

Abb. 3: Elementare Beziehungsarten im Vergleich

Es steht außer Frage, dass es außer den genannten auch noch *andere stabile Beziehungsnetze* gibt, die Menschen prägen können und wichtige Orte ihres alltäglichen Lebens und damit ihres moralischen Engagements sind, etwa Kirchengemeinden, geistliche Gemeinschaften oder auch Musizier-Ensembles, in denen die Mitglieder einen erheblichen Teil ihrer freien Zeit verbringen und die für sie von nachhaltiger und existentieller Bedeutung sind. Freilich sind sie nicht so allgemein und grundlegend wie Familie, Freundschaft, Klassengemeinschaft und Arbeitskollegenschaft.

Für sämtliche sozialen Konstellationen gilt indessen, dass die Einflüsse zwischen ihnen und den Einzelnen, die in ihnen leben, wechselseitig sind. Es gibt also sowohl Prägungen, die diese sozialen Settings im Einzelnen hinterlassen, wie auch Einflüsse und Veränderungen, die der Einzelne durch sein Handeln bewirken kann. Das will sagen, dass diese Sozialformen nach der einen Richtung hin in die einzelnen Persönlichkeiten eingehen und Teil ihrer Existenz werden. Und nach der anderen hin wirkt sich das alltagsmoralische Engagement der Einzelnen in die betreffende Sozialform hinein aus, vermag Impulse zu setzen und mittels ihrer etwas zu verändern, bereichernd, korrigierend oder schlechtestenfalls störend.

Eine besondere Chance all dieser Beziehungs- und Bindungsformen besteht heute darin, dass sie ein Gegengewicht »gegen die Macht anonymer Institutionen« sein können.[35]

Mit- und Füreinander der verschiedenen Generationen

Im Alltag ist *Familie* nicht nur eine verbreitete Form von Lebensgemeinschaft, sondern auch eine tatsächliche Verantwortungsgemeinschaft. Häufig anspruchsvoll und kompliziert bis in die kleinsten Details austariert, gleichzeitig störbar und durch kleinste Unregelmäßigkeiten wie das plötzliche Auftreten einer Erkrankung bei einem Kind ist sie doch hochelastisch und strapazierfähig wie kaum eine andere Sozialform. Familie ist mehr als Schule und alle freien gesellschaftlichen Einrichtungen die zentrale gesellschaftliche Institution, wo die Verantwortung für die nachwachsende Generation organisiert, formiert und praktiziert wird – alltäglich, grundlegend, kontinuierlich und ununterbrochen viele Jahre lang.

Dabei ist das Verantwortungsgeflecht zwar nicht unbedingt immer symmetrisch, aber gleichwohl durchlässig nach beiden Richtungen hin: Die Generation, die hauptsächlich auf die andere angewiesen ist und von ihr empfängt, gibt auch etwas von sich und weckt in den sorgenden Personen Kräfte und Fähigkeiten, über die sie zuvor noch nicht verfügt haben oder die ihnen selbst bis dahin verborgen waren. Sie zu entdecken und ihnen gemein-

---

35 Bezogen auf die Freundschaft: Schmid, Auf der Suche, 350.

sam konkrete Gestalt geben zu dürfen, ist für unzählige junge Frauen und Männer ein wichtiger Teil ihrer Selbstverwirklichung und ihre Selbstwirksamkeit ein Grund für die erstaunliche Attraktivität der Lebensform Familie, die das Anstrengende und Riskante, das mit Familie auch verbunden ist, überstrahlt und in Kauf nehmen lässt.

Dabei befindet sich die Familie als Institution in einem epochalen *Transformationsprozess*: Über Jahrtausende war sie patriarchalisch verfasst und die Arbeiten und Mühen, die mit ihr verbunden waren, geschlechtsspezifisch aufgeteilt und fest zugeordnet. Begleitet von theoretischen und gesellschaftspolitischen Debatten, die intensiv, manchmal auch heftig sind und durch soziale Aktionen und Experimente eine Zuschärfung erfahren, vollzieht sich seit einigen Jahrzehnten eine allmähliche Veränderung in der gelebten Praxis von Familie im Alltagsleben. Diese erfasst sowohl das *Kräfteverhältnis und die Aufgabenverteilung zwischen Mann und Frau* als auch die *Beziehung zwischen den erwachsenen Personen und ihren Kindern*. Die neuen normativen Ideale sind jetzt Partnerschaftlichkeit und eine gerechtere Teilung der (unbezahlten) Familienarbeit, was die Berufstätigkeit der Mutter und ein eigenes Einkommen voraussetzt. In der Erziehung der Kinder ist an die Stelle der früheren Ausrichtung auf Gehorsam und Disziplinierung der eigenen Willensregungen die Befähigung zu möglichst früher Selbständigkeit getreten.

Der durch die Verschiebung der Ideale beschriebene Transformationsprozess geht außerordentlich langsam vor sich, weil die ständige Realität der in jeder Familie auftretenden Notwendigkeiten einerseits und die über viele Generationen in Fleisch und Blut übergegangenen Gewohnheiten sich nur zäh und widerwillig den theoretisch begründeten und vielleicht nur einseitig akzeptierten und eingeforderten Idealen beugen. Auch sind die erhofften oder gewünschten Veränderungen in den konkreten Personenkonstellationen häufig mit Schwierigkeiten und Konflikten verbunden, weil sie die Bereitschaft aller Beteiligten zur Veränderung ihrer

Rollen, der Verfügbarkeit über Zeit und Freizeit und der Teilhabe an dem gemeinsam erwirtschafteten Erfolg voraussetzen.

In jüngerer Zeit sind die beiden erwähnten Transformationsprozesse in der Familie noch durch einen weiteren vermehrt worden, der das *Konzept der Elternschaft* betrifft. Elternschaft ist hinfort – zumindest rechtlich und im gesellschaftlichen Ansehen – nicht mehr nur als Mann-Frau-Konstellation einschließlich den an dieser Maß nehmenden substitutiven Formen (Adoptiv-, Alleinerziehenden-, Scheidungs- und Stieffamilien) möglich, sondern auch in der Konstellation eines gleichgeschlechtlichen Elternpaares. Man darf annehmen, dass diese neue Form von Familie in der Alltagswelt zahlenmäßig nur eine kleine Minderheit bleibt. Und man muss sie für die eigene Person nicht in Erwägung ziehen. Gleichwohl verlangt, abgesehen von einem respektvollen Umgang mit derartigen Familien, schon die bloße Möglichkeit einen erhöhten Reflexions- und Entscheidungsaufwand für diejenigen, die für sich selber eine Zukunft als Vater oder Mutter in einer Familie in Betracht ziehen.

Die alltägliche und bleibende Herausforderung der Elternschaft besteht nach wie vor im bedingungslosen Sich-Einlassen und im Fürsorgen und jahrelangen Begleiten eines neu in den eigenen Lebenskreis und Alltag eingetretenen Kindes: Das ist in den ersten Lebensjahren eine ausgeprägt asymmetrische Situation, in der alle Macht bei den zu Eltern gewordenen Erwachsenen konzentriert ist. Ihre Verantwortung für das Kind umgreift sämtliche Lebensbereiche und besteht ununterbrochen, ist also tendenziell total. Dabei geht es je länger, desto mehr nicht nur um Zuwendung, ausreichende Nahrung, Obdach, Hygiene und Gesundheitsvorsorge, sondern auch um emotionale Geborgenheit, Sozialfähigkeit und die Erschließung der Möglichkeiten zur Kontaktaufnahme, zur Mitteilung und zur Teilnahme am gemeinsamen Leben durch das Erlernen von Regeln, Symbolen und der Sprache, das Lesen-Können von Mienen, Gesten und Gefühlsäußerungen sowie um die Kenntnis elementarer Techniken.

Bis der ehemalige Säugling bzw. das einstige Kind erwachsen geworden ist, nimmt die Selbstverantwortung schrittweise zu und die Verantwortung der Eltern ab. Freilich besteht zwischen beiden Veränderungen keine reziproke Kausalität, sondern nur eine Gleichzeitigkeit, die von den Elternpersonen verlangt, zunehmende Selbständigkeit zuzulassen, zu respektieren und sogar zu fördern. Dies allerdings ist häufig mit Konflikten verbunden, weil die beidseitigen Wünsche und Einschätzungen des richtigen Ausmaßes nicht übereinstimmen. Das bedeutet für Eltern nämlich auch, dass sie andauernd bereit sein müssten zu warten und reifen zu lassen. Das geht nicht von selbst. Eltern können das allerdings schon in früheren Stadien der Entwicklung ihrer Kinder einüben, wenn sie darauf verzichten, ihre Kinder von klein auf optimieren zu wollen und ihnen stattdessen genügend Raum geben, in dem sich die Kinder entwickeln dürfen.[36]

Intergenerationelles Zusammenleben erstreckt sich häufig auch auf das Verhältnis der erwachsenen Kinder zu ihren alternden Eltern, also zu den biografisch wichtigsten Repräsentanten der vorhergehenden Generation. Hier besteht die Kunst darin, die richtige Balance zwischen der Respektierung der Bedürfnisse an Autonomie und an Intimität und den Notwendigkeiten der Unterstützung zu finden. Das verlangt zum einen viel Empathie, zum anderen aber auch waches Beobachten und Geschick im Organisieren.

Das Erbringen der notwendigen Versorgung für die *pflegebedürftig* gewordenen Eltern ist im Alltag der Familien aber häufig ein Problem, weil die Kinder nicht mehr am selben Ort wohnen, beruflich und familiär selbst stark eingespannt sind oder sich von der Art und vom Zeitaufwand der notwendigen Pflege überfordert fühlen. Weil dies inzwischen für die Mehrheit der mittleren Generation zutrifft und auch, weil die ältere Generation häufig davor zurückschreckt, ihren Kindern »zur Last zu fallen«, bieten

---

36 Anregend dazu: Wolfgang Schmidbauer, Helikoptermoral. Empörung, Entrüstung und Zorn im öffentlichen Raum, Hamburg 2017.

sich Dienste und Organisationsstrukturen an, die die Leistung der Pflege mit professionellen Kräften und auf der Basis einer bezahlten Dienstleistung übernehmen. Dabei darf aber nicht übersehen werden, dass damit die emotionale, organisatorische und psychosoziale Unterstützung der alternden Eltern nicht abgedeckt ist und sich erübrigt.

Professionalisierung findet übrigens auch nach der anderen Richtung, also bei der Betreuung und Begleitung der nachwachsenden Generation in erheblichem Maß statt. Auch hier geht es – jedenfalls meistens – nicht um einen kompletten Ersatz der Erziehung durch die Eltern, sondern um deren Ergänzung und Unterstützung durch eine Kombination von häuslicher und außerhäuslicher Begleitung und Anleitung. Das Angebot an ortsnah nutzbaren Freizeit-, Bildungs- und Betreuungsmöglichkeiten ist heutzutage für viele junge Eltern und solche, die sich auf diese Rolle vorbereiten, ein wichtiger Gesichtspunkt, wenn überlegt wird, ob man ein Kind oder ein weiteres Kind möchte.

Wenn es um die Bereitstellung und Finanzierung von Angeboten durch Staat und Gesellschaft geht, bedürfen besonderer Aufmerksamkeit und Berücksichtigung die Gruppen von benachteiligten Kindern. Denn der Ausfall von Bildungsmöglichkeiten in jungen Jahren hat enorm nachteilige und anhaltende Folgen. Zu den Kindern, die hier betroffen sind, gehören besonders die, die beim Aufwachsen nur einen Elternteil haben; die, deren Muttersprache nicht Deutsch ist und die Kinder von Geflüchteten. Sie alle gehören längst zum Erscheinungsbild unserer Schulen, Wohnviertel und Alltagswelt.

Kind, Jung, Erwachsen, Alternd: Biografie im Lebenszyklus

Biografie ist bei aller Dehnung der jeweils erlebten Zeitabschnitte ein Gesamtprozess, der starke Dynamiken beinhaltet. Er umfasst bei regulärer Entwicklung mehrere charakteristische Phasen oder

Kind, Jung, Erwachsen, Alternd: Biografie im Lebenszyklus

»Lebensalter«. Auch wenn die Lebensdauer individuell sehr unterschiedlich ist und die durchschnittliche Lebenserwartung nach Kulturen und Epochen sowie nach sozialen Schichten variiert, gibt es einen gemeinsamen Entwicklungsbogen. Er beginnt mit dem Säuglings- und Kindesalter und erstreckt sich über die Zeit der Jugend in ein längeres Erwachsenenstadium hinein und geht zum Schluss in Alter und Greisentum über.

Jedes dieser Lebensalter stellt sowohl an das betroffene Individuum wie an die Gesellschaft der Übrigen permanent spezifische Aufgaben und Herausforderungen. Zu deren Eigenheiten gehört es, dass sie sich nicht momentan und explizit manifestieren, sondern sich mehr oder weniger ständig und gleichsam nebenbei stellen oder mit anderen Worten: alltäglich. Für *Kindheit* und *Jugend* ist es vor allem der Erwerb von Wissen und sozialen Fähigkeiten, für die Phase des *Erwachsen-Seins* die Vorbereitung und der Eintritt in die Welt des Berufs, der Aufbau tragender Beziehungen und die Übernahme von Verantwortung für Andere.

Im *Alter* stellt sich dem Menschen nicht nur von seiner Konstitution her die Aufgabe, mit allmählichen Einbußen an Gesundheit, Jugendlichkeit und Vitalität zurechtzukommen. Vielmehr wandelt sich auch die Art der Interaktion zu den vertrauten Personen in seinem alltäglichen Umfeld in typischer Weise: Denn wenn sein Auftreten und Handeln in den Gestaltungsphasen seines Lebens von Entscheiden und Anordnen geprägt war, gewinnt er jetzt Ansehen vor allem, wenn er sich aufs An- und Zuhören und auf das Rat-Geben zurücknimmt. Wenn es bisher darauf ankam, sich im Wettbewerb mit Anderen darzustellen, durchzusetzen und zu behaupten, gilt es jetzt eher als anerkennenswert, einzusehen, dass Jüngere manches genauso gut oder besser können, dass sie aber auch manches anders machen möchten, und dass die eigenen Kräfte und Fertigkeiten nicht unbegrenzt sind. Er macht bis in die eigene Familie hinein die Erfahrung, dass Etwas-Zutrauen mehr bewirkt als das Beharren darauf, es selbst am besten zu wissen. Und dass Sich-helfen-Lassen dem Zusammenhalt förderlicher sein kann als das krampfhafte Die-Kontrol-

III. Geltungsansprüche im lebensweltlichen Umfeld

le-behalten-Wollen und ein Loslassen oft produktiver ist als das Behalten. Auch wenn in den Alt-Gewordenen im Lauf der Jahre eine Menge von Erfahrungen und ein Schatz von Erinnerungen und Weisheit im Umgang mit zwischenmenschlichen Spannungen angesammelt wurde, besteht bei den Jüngeren ein Wunsch, daran zu partizipieren, nur in dem Maße, wie die eigene Lebenserfahrung der Älteren nicht zum absoluten Maßstab erklärt wird, im Vergleich zu dem jede Veränderung als Verfall und Niedergang erscheint.

Wie sich ein Individuum in seinem jeweiligen Lebensalter fühlt, hängt nicht nur von der konkreten Personenkonstellation ab, in die sie hineingeboren wurde bzw. die sie sich später zusammengestellt oder ausgesucht hat, sondern liegt auch an den Möglichkeiten, die Gesellschaft und Politik für die Angehörigen der jeweiligen Lebensalter bereithalten, erschließen, fördern oder aber behindern.

Das Angebot an *Einrichtungen* und die Ausstattung mit *pädagogisch qualifiziertem Personal* für Kinder und deren Eltern, die Versorgung mit guten Schulen, Jugendtreffs und Sportstätten für Jugendliche, ein breites Spektrum an Ausbildungsmöglichkeiten und Studiengängen sowie an fachkundigen Begleitern und an Freizeit- und Begegnungsmöglichkeiten für junge Erwachsene, Angebote für Erwachsene mit besonderen Schwierigkeiten (Arbeitslose, Umschüler, Migranten, Menschen mit Behinderung, Wiedereinsteiger etwa), schließlich auch das Angebot an Betreuungs- und Pflegemöglichkeiten für die Personen, die alt geworden sind und keine Berufsperspektive mehr haben, sind bestimmende Faktoren des Alltags und zugleich auch Orte, an denen sich ein erheblicherer Teil des Alltags vieler Menschen abspielt. Sie legen ja Strukturen fest, nehmen Zeit in Anspruch, haben Einfluss auf die Möglichkeiten, die sich konkret für jemanden eröffnen, schaffen Gelegenheiten für Kontakte oder verstärken das Gefühl, einsam zu sein, kompensieren auch Schwächen, um ein hohes Maß an Selbständigkeit zu erhalten, oder machen bestehende Abhängigkeiten noch größer. Sie unterstützen die Bildung der

Persönlichkeit und das Integrieren von Erlebtem, Fremdem und Irritierendem, oder sie stellen Hindernisse und Schwierigkeiten in den Weg.

Zu den Erschwernissen heute gehört u.a., dass viele Personen in ihrer Alltagswelt schon seit frühen Jahren Adressaten einer aggressiven, auf sie zugeschnittenen Werbeindustrie sind, die ihnen den Erwerb und den Besitz von Markenkleidung und den jeweils neuesten Elektronikprodukten als lebensnotwendig vor Augen stellt.

Erotisches Begehren und Sich-begehrt-fühlen-Wollen

Erotik gehört zum Menschsein und ist insofern ein normaler Bestandteil des Alltagslebens, mal mehr und intensiver erlebt, mal weniger und eher nebenbei. Schwierigkeiten bringt sie regelmäßig mit sich, wenn sie, bis dahin noch unbekanntes »Terrain«, erst entdeckt wird. Und dann, wenn Kultur, Familie oder Religion hohe Schwellen zu ihrem Schutz errichtet haben. Oder wenn sie nicht gelebt werden kann, weil in Frage kommende Partnerpersonen fehlen oder die eigenen Gefühle von der begehrten Person nicht erwidert werden. Und vor allem, wenn die entsprechenden Empfindungen in Konflikt geraten mit Erwartungen und Verpflichtungen, die gegenüber Anderen (etwa einem früheren Partner oder gemeinsamen Kindern) eingegangen wurden. Erotik ist eine starke Macht, die Träume und Fantasien erzeugen, rationales Denken, Loyalitäten und Üblichkeiten regelrecht überschwemmen und das Handeln beherrschen kann. Aber sie ist auch eine produktive Kraft, die Bindungen, Freundschaften und lebenslange Partnerschaften hervorbringen kann.

Das ist eine gut bezeugte menschheitliche Erfahrung und Beobachtung, weshalb es in jeder Kultur und zu jeder Zeit moralische und auch rechtliche Regelwerke gegeben hat, die angesichts einer Unmenge von mächtigen und potenziell (sozial) chaotischen Gefühlen Ordnung garantieren wollen und sollen.

III. Geltungsansprüche im lebensweltlichen Umfeld

Das bedeutet zum einen, dass sie absehbare Konflikte nach Möglichkeit verhindern und falls nicht, mindestens lösbar machen sollen, zum anderen, dass sie Orientierung geben und Vorgaben machen wollen, wie das Miteinander der Geschlechter und das der Generationen und das Gelingen des eigenen Lebensprojekts in Verbindung mit dem eines anderen Menschen gelingen kann oder wenigstens wahrscheinlich wird.

Fundament und Kern dieser institutionalisierten Regelwerke bildete in der europäisch-westlichen Tradition über Jahrhunderte ein Ensemble von Vorschriften und Verboten, die in ihrem Kern auf Ehe und Fortpflanzung ausgerichtet waren. Sie wurden in der Erziehung vermittelt, trainiert und kontrolliert und in die Alltagsmoral übernommen. Sie erfuhren weitgehende Zustimmung, auch wenn die Praxis der Einzelnen häufiger von den Sollensnormen abwich.

Eine derartige Übereinstimmung in dem, was »man« darf und was »man« nicht tut, an die man als Bürger wie als Bürgerin, als Kind wie als Erwachsener, als Christ wie als Christin, als verheiratete wie als ledige Person, als Amtsträger wie als »normal Sterbliche« bloß appellieren brauchte, existiert heute allenfalls in Resten. Das bekommen seit einiger Zeit auch die christlichen Kirchen zu spüren, die lange die Autorität und das Vertrauen der Öffentlichkeit besaßen, diese Vorgaben definieren zu können. Zwar ist ihnen unbenommen, auch weiterhin an bewährte Regeln und Lebensformen wie die Ehe zu erinnern, deren Gehalt und unausgeschöpftes Potenzial zu entfalten, die unter modernen Bedingungen notwendig erscheinenden Akzentverschiebungen[37] zu

---

37 Im theologischen Jargon spricht man unter Aufnahme eines Schlüsselbegriffs des 2. Vatikanischen Konzils (1962–1965) von »Zeichen der Zeit«. Diese programmatische Erkenntnis-Formel im Anschluss an Lk 12, 54–57 findet sich zuerst in der Friedensenzyklika *Pacem in terris* von Papst Johannes XXIII. (1963) (nrn. 23–25; 45; 67; 75) und dann in verschiedenen Dokumenten des 2. Vatikanischen Konzils (u.a. *Gaudium et spes* nrn. 4 u. 11). Näheres zu dieser Metapher u.a. in: Hans Waldenfels, Zeichen der Zeit, in: Mariano

ermitteln und daraus sich ergebende Korrekturen und Ergänzungen vorzunehmen.

Dennoch besteht in der liberalisierten und durch Flüchtlinge und Migranten, die in anderen Moral- und Kulturwelten groß geworden sind, erheblich »bunter« gewordenen Gesellschaft die dringende Notwendigkeit, sich von neuem darüber klarzuwerden, was das alltagsmoralisch Erwartbare beim Umgang mit der Erotik sein kann oder sollte.[38] Denn es gibt nicht nur das unübersehbare Schwächerwerden der Verbindlichkeit der Maßstäbe, die noch bis in die jüngere Vergangenheit von den großen Institutionen vertreten wurden, sondern auch Irritationen bei vielen, die woanders hergekommen sind. Sie haben einerseits die starke Hoffnung, dass hier ein besseres Leben für sie möglich sein wird; und dieses erhoffte bessere Leben schließt natürlich auch Freundschaften, die Erfüllung erotischer Sehnsüchte und die Möglichkeit von Partnerschaften ein. Andererseits wirkt vieles, was sie hier sehen, ungewohnt und auch schockierend. Nicht nur die Vielfalt und der Reichtum des Konsumangebots und die schwache Rolle der Religion im öffentlichen Leben, sondern auch die Freizügigkeit im Umgang mit Dingen, die Erotik und Sexualität berühren, etwa die Präsenz von Frauen in allen Bereichen des öffentlichen Lebens, die Art sich zu kleiden, die Direktheit und Verfügbarkeit sexuell aufgeladener Bilder und Filme, die Art, wie Beziehungen gelebt werden, das Sprechen und Informieren über Sexualität im schulischen Unterricht u. a. m.

Das kann leicht auch zu Missverständnissen führen, wie wiederholt Konflikte bei großen Menschenansammlungen auf öffentlichen Plätzen gezeigt haben. Freizügige Kleidung etwa in Schwimmbädern bedeutet eben nicht Einladung zu Anmache und

---

Delgado/Michael Sievernich (Hg.), Die großen Metaphern des Zweiten Vatikanischen Konzils. Ihre Bedeutung für heute, Freiburg 2013, 101–119.

38 Im Zusammenhang von Liebe und Ehe wird das Stichwort »Alltag« auch oft als Chiffre für Durststrecken, Abnutzung, Verlust von Spontaneität und Attraktivität verwendet. Diese Bedeutung steht hier nicht im Fokus.

III. Geltungsansprüche im lebensweltlichen Umfeld

sexuellen Handlungen. Und in umgekehrter Richtung sind verbale Flirts und das Interesse für ein bestimmtes Mädchen nicht als Angriff auf die Ehre der Familie des Mädchens gemeint.

Deshalb gehört es zu den rechtlichen, aber auch schon zu den alltagsmoralischen Basics der aufnehmenden freiheitlichen Gesellschaft, dass die, die einen strengeren Umgang mit erotischen Signalen und Verhaltensweisen gewohnt sind oder diesen strikt auf die Privatsphäre beschränkt wünschen, diese Differenz aushalten müssen. Eingefordert wird der Respekt vor der Selbstbestimmtheit von jedem und jeder, der bzw. die Adressat:in des erotischen Interesses eines Anderen sein könnte. Ferner die Übernahme von Verantwortung für das Kennenlernen, die Anbahnung und die Ausübung erotisch getönter Handlungen und deren Folgen. Dabei besonders wichtig ist die Anerkennung der Gleichberechtigung von Frauen mit Männern. Und schließlich auch das Hinnehmen, dass Sexualität als Thema öffentlich behandelt und diskutiert wird, weil es die Grundrechte jedes Einzelnen, die Familie als Institution der Gesellschaftsordnung und auch den Staat und seine Aufgaben in vielen Bereichen tangiert.

Sexualität ist mehr als das Genießen und Bewirken von Lustempfindungen. Deshalb ist sie als Erleben, in das mehrere Personen »verwickelt« sind, etwas, was die Menschen in ihrem Personsein und in ihrer Beziehungshaftigkeit betrifft. In den Gefühlen und gemeinsamen Handlungen sind sie in ihrem Glücksverlangen ansprechbar, aber auch tief und nachhaltig verletzbar.

Die wichtigste Bedingung auf Seiten des begehrten »Gegenübers« ist die *Freiwilligkeit*. Die aber wird am stärksten ignoriert oder angegriffen oder sogar zerstört bei der Anwendung von Gewalt. Deshalb dürfen erotische Annäherung und deren sexuelle Ausdrucksformen nur stattfinden in einem Rahmen und auf dem Boden von Einverständnis. Das ist unerlässlich. Vielen, die sich danach sehen, begehrt zu werden, reicht das aber nicht aus, sie stellen höhere Anforderungen an die Partner, mit denen sie Intimität zu teilen bereit sind; sie wünschen als Voraussetzung auch *Liebe* zu sich als dieser unverwechselbaren Person, und eine

Beziehung, die eine Chance für die Zukunft hat. Aber auch in diesem Fall bleiben Freiwilligkeit und Einverständnis sowie das Ausbleiben von Zwang in jeglicher auch noch so sublimer Gestalt notwendige Bedingungen.

Diese Haltung nennt man *Achtung* oder *Respekt*. Respekt steht jeder Person zu, auch und erst recht der, die begehrt wird. Achtung besteht nicht einfach in der Disziplinierung von Leidenschaftlichkeit und Spontaneität. Vielmehr verbietet sie, um es mit Worten Kants zu sagen, dass irgendein Mensch – sei es ein Mann oder eine Frau oder aber ein unmündiges Kind – als bloßes Mittel zur Befriedigung eigener Wünsche gebraucht wird. Alles andere ist Erniedrigung und Demütigung, Bevormundung und Ausnutzung von Nähe und Hilfsbereitschaft.

Auch dann, wenn sexuelle Kontakte auf der Basis von Freiwilligkeit und mit Einverständnis des Beteiligten stattfinden, haben sie Folgen. Dass die stets im Auge und kontrolliert bleiben, bezeichnet man in der Sprache der Ethik mit dem Begriff der *Verantwortung*.[39]

Als besonders massiv und langfristig haben heute zwei mögliche Folgen zu gelten: das Risiko einer Infektion mit dem HIV-Virus oder einer anderen Geschlechtskrankheit, und das Risiko, eine ungewollte Schwangerschaft in Gang zu setzen.

Es gibt noch weitere mögliche Folgen, die sexuelle Handlungen nach sich ziehen können; und auch die können tiefgreifend und nachhaltig sein, auch wenn die Kontakte mit beidseitiger Zustimmung erfolgen. Dazu gehören »Verwicklungen« und Bindungen zwischen den Beteiligten. Sexuelle Intimität kann an die Voraussetzung einer tragfähigen Beziehung gebunden sein; und sie kann auch mit der Erwartung verbunden sein, eine bereits bestehende soziale und emotionale Verbundenheit zu stärken und zu vertiefen. Wird diese Erwartung enttäuscht, können Leid, das Gefühl getäuscht worden zu sein und tiefe Trauer zurückbleiben.

---

39 Ausführlich dazu Konrad Hilpert, Ehe, Partnerschaft, Sexualität. Von der Sexualmoral zur Beziehungsethik, Darmstadt 2015.

III. Geltungsansprüche im lebensweltlichen Umfeld

Respekt drückt sich übrigens auch in der Sprache aus, mit der über Sexualität und alles, was mit ihr zusammenhängt, gesprochen wird. Das Sprechen über Sexualität ist im Alltag vielerorts grob, beleidigend und ordinär; man denke nur an Vokabeln wie »Weiber« und »Kerle«, »bumsen«, »aufreißen« und »sich gefügig machen« und viele andere mehr. Ihre Benutzung kann auch diskriminieren und verderben, was in und mittels Sexualität gesucht und geschätzt wird, nämlich größtmögliche Nähe, Vertrautheit, Intimität, das Gefühl, nicht austauschbar zu sein. Wie *über Sexualität gesprochen wird*, hat auch mit Kultur und Kultiviertheit zu tun. Angemessen über Sexualität sprechen zu können, ist auch eine Voraussetzung dafür, dass Erfahrungen von Gewalt und verletzte Gefühle mitgeteilt werden können. Alltägliche Orte, wo angemessenes Sprechen eingeübt werden kann, sind u.a. der Schulunterricht, die Flüchtlingshilfe, die Berichterstattung in den Medien, interkulturelle Gespräche, Gerichtsverhandlungen u.ä.m.

Darüber hinaus gibt es viele Gelegenheiten im Alltag, wo Menschen, vor allem die mit wachem Blick, ihre tägliche oder auch zufällig anwesende Umgebung sensibilisieren können für die *Verletzlichkeit* von Menschen, vor allem von Frauen und Kindern, in und mittels Sexualität. Zu den möglichen Verletzungen gehören auch *Diskriminierungen* aufgrund von Geschlecht, Hautfarbe, Herkunft und sexueller Orientierung; und schließlich auch Grenzverletzungen wie Anmache, sexistische Beleidigung, Einschüchterung, Versuche zu grapschen, Stalking, Mobbing und die Ausübung von Gruppendruck.

Nicht ausgeblendet werden sollen die derben Späße und Belustigungsaktionen, die sich Veranstalter von Junggesellenabschieden, Betriebsfesten und Geschäftsreisen ausdenken, um damit den sonst faden Alltag bei dieser Gelegenheit interessanter zu machen. Auch das Konsumieren von *pornografischen Bildern und Filmen*, die Nutzung sexueller Dienstleistungen für Entgelt (*Prostitution*) und der *Sextourismus* in ferne Länder geschehen mitten im Alltag. Entsprechende Angebote werden mit der Freiheit der individuellen Selbstbestimmung der Nehmer und der in diesen

Geschäften Tätigen gerechtfertigt, obschon die kommerziellen Organisations-, Anbieter- und Rekrutierungsstrukturen sich vielfach kaum von Menschenhandel, Sklaverei und Androhung und Ausübung massiver Gewalt unterscheiden.

Wiederkehrende Situationen als Gegenstand alltagsmoralischer Gestaltung

Es ist die Bestimmung des Menschen, sein Leben selbst zu gestalten in der Auseinandersetzung mit sich selbst, mit den Mitmenschen und mit der Natur einschließlich der sachhaften Gegenstände. Es geht dabei aber nicht nur um die Befriedigung der elementaren Bedürfnisse, sondern auch um die Aneignung der nichtmenschlichen Natur und um die Durchdringung und Formung der Realität mit eigenen, reflexionsbasierten Absichten und Sinngebungen. Das entsprechende Wollen und Handeln erstreckt sich nicht nur auf die außerordentlichen Ereignisse wie Geburt und Tod, Naturkatastrophen, die Verrichtung einer lebenserfüllenden Arbeit usw., sondern auch auf die Notwendigkeiten, die unvermeidlich bestehen bzw. wiederkehren wie Begrüßen, Essen und Trinken, Körperpflege und Sich-Kleiden, Arbeiten, Lieben, Sport und Spielen, Einkaufen und Sorgen für die Gesundheit.[40] Mit diesen Situationen ist jeder Mensch konfrontiert, sie gehören zum Menschsein dazu. Es handelt sich also um Lebenssituationen und Erfahrungsräume, in die alle geraten.

Das ist die Welt der alltäglichen Wiederholungen und Routinen. Bei ihnen ist gleichwohl kulturelle Gestaltung möglich und gefragt. *Begrüßung* ist mehr als erste Kontaktaufnahme unter Personen verschiedener Herkunft. Anrede (mit »Du« und Vorname oder mit »Sie, Herr/Frau« und Nachname) und Gestik (Hände-

---

40 Vgl. dazu das Kapitel »Kultur und Alltagswelt« in: Thurn, Mensch im Alltag, 36–48.

schütteln, Umarmung, Kuss) lassen vielfache Abstufungen[41] zu und helfen, Konfliktmöglichkeiten von vornherein abzulenken oder wenigstens zu besänftigen. *Mahlzeiten* brauchen nicht bloße Nahrungsaufnahme mit dem Ziel der Sättigung zu sein, sondern können zugleich unterschiedliche Menschen zusammenführen. Die Vor- und Zubereitung des Menüs, Tischkultur, Sitzordnung, Ablauf und Untermalung mit Musik und Beleuchtung können den Anlass und die Wertschätzung der Gäste ebenso ausdrücken wie das Offen-Sein für Gäste signalisieren. Ein Mahl kann sogar zum kontrafaktischen Symbol für den Willen zu teilen und alle satt zu machen werden, auch und gerade die, die wenig haben.[42] Diesen sozialen und symbolischen Funktionen des Miteinander-Essens sind neue Gewohnheiten wie das Frühstücken und Essen »to go« nicht förderlich, weil sie das Essen zu einer beiläufig verrichteten Handlung des Einzelnen für sich machen, die überall, auch auf der Straße, in der U-Bahn oder in einer Garderobe stattfinden kann.

Hochzeiten sind häufig nicht mehr der eigentliche Beginn der Lebensgemeinschaft von zwei Menschen, sondern dienen eher der feierlichen Einbettung der bereits entstandenen Lebensgemeinschaft in bestehende familiäre und generationelle Zusammenhänge, der öffentlichen Anerkennung und der Versicherung von Hilfen. Gleichwohl sind sie gerade aufgrund der Festlichkeit und Offizialität besonders markante Punkte in der Biografie wie auch in der Erinnerung von Familien und Freundeskreisen.

Das *Sporttreiben* in Gemeinschaft ist nicht vorrangig Mittel zur eigenen Leistungssteigerung. Vielmehr dient es dem Ausgleich

---

41 Der Wechsel in der Anrede vom »Sie« zum »Du« mitsamt der Begründung, dass das Siezen gegen das Gleichheitsprinzip verstoße, waren bereits im revolutionären Frankreich ein wichtiges Debatten-Thema: s. Jean-Paul Bertaud, Alltagsleben während der Französischen Revolution, Freiburg/Würzburg 1989, 54f.
42 Zur religiösen Bedeutung des Essens und Miteinanderessens s. den originellen Beitrag von Ralf Miggelbrink, Essen als Realsymbol der Fülle, in: Theologisch-Praktische Quartalschrift 162 (2014), 115–122.

for bewegungsarme Bürotätigkeit, darüber hinaus aber auch der Begegnung und dem ritualisierten Wettkampf zwischen den sympathisierenden Fans. Für die Austragung der Spiele selbst sind Regelkonformität und Fairness oberste Gebote; das schließt auch das Akzeptieren der Möglichkeit zu verlieren ein. *Kleidung* soll nicht nur bedecken und vor ungünstiger Witterung und verletzenden Blicken schützen, sondern dem Träger bzw. der Trägerin auch »stehen« und dem Anlass (einer Feier, einer Beerdigung, dem Spaziergang, der Erholung am Strand oder in den Bergen) angemessen sein. Eine *Wohnung* gewährt nicht nur das sprichwörtliche Dach über dem Kopf, sondern ist auch mit der Hoffnung verbunden, sich diesen Ort zu einem individuellen »Zuhause« zu machen, wo sich der Inhaber bzw. die Inhaberin wohlfühlen kann. Ein *Einkauf* muss sich nicht im Erwerb benötigter Waren und Lebensmittel erschöpfen, sondern kann auch mit der sorgfältigen Auswahl von Dingen, die andere erfreuen sollen, mit der sicheren Gelegenheit, Neues von Nachbarn und Freunden zu erfahren, oder mit dem Erleben eines Events verbunden sein. Handel und Gewerbe versuchen, mit einladenden Sonderangeboten und multimedialen Inszenierungen das »Shoppen« zu einem attraktiven Erlebnis zu machen.

Das *Achten auf die Gesundheit* muss nicht nur der Vermeidung bzw. der Bekämpfung von Krankheiten oder der Abwehr von Schmerzen dienen, sondern kann auch auf das Gefühl der Sicherheit, des Sich-wohl-Fühlens und der Übereinstimmung von körperlicher und seelischer Befindlichkeit (»wellness«) aus sein. Das *Einhalten von Verkehrsregeln* wird von den meisten Verkehrsteilnehmern weniger als Gehorsam gegenüber Vorschriften oder als Vermeidung von angedrohten Strafen verstanden, sondern als ihr persönlicher Beitrag zu einem reibungslosen Ablauf und zur Ermöglichung größtmöglicher Mobilität.

In all diesen Beispielen aus der Alltagswelt erfolgt das Gestalten durch Ritualisieren in Verbindung mit beabsichtigter Sinngebung. Ritualisieren bedeutet, das eigene Verhalten in derartigen, sich wiederholenden Situationen nicht einfach der spontanen Eingebung zu überlassen, sondern es den durch Konventionen markierten Formen anzupassen und innerhalb dieser Korridore mit Sinn »aufzuladen«.

Dabei können natürlich auch bestimmte Spannungen auftreten. In diesem Sinn typisch sind Spannungen zwischen Herkommen/Tradition und Modernität, Angepasstheit und Freude an der Provokation, dem Willen, es zu machen, wie die meisten es machen, und dem Bedürfnis nach exklusiver Individualität.[43] Auch dürfte die Präsenz von Immigranten und Geflüchteten in den liberalen Gesellschaften die Erfahrung verstärken, dass die hier zur Rede stehenden wiederkehrenden Situationen durchaus unterschiedlich ritualisiert werden (Essen mit Stäbchen statt wie gewohnt mit Messer und Gabel, Tragen eines Turbans bzw. eines Kopftuchs usw.) Gleichwohl zielen auch diese als fremdartig erscheinenden Ritualisierungen darauf ab, Verlässlichkeit zu signalisieren und Vertrauen entstehen zu lassen. Sie erfordern freilich auch Lernbereitschaft und Offenheit für das Unbekannte. Das Festhalten an ihnen in der Mehrheitsgesellschaft kann auch demonstrativ den Willen ausdrücken, inmitten der umgebenden Mehrheitsgesellschaft an der eigenen Herkunftskultur festzuhalten oder sich abzugrenzen.

Vor-Bilder

Ein unübersehbarer Faktor der Alltagsmoral sind Vorbilder. Tatsächlich wäre es ja auch verwunderlich, wenn bei unserem Beurteilen, Entscheiden und Gestalten das, was andere Menschen um

---

43 Thurn, Mensch im Alltag, 85, weist auch auf die Möglichkeit der Entritualisierung hin und führt als Beispiel die heute überwiegend ablehnende Einstellung der Bevölkerung zu den einst gepflegten Formen des Knickses und Dieners an. Man könnte auch auf das Beispiel des angeratenen Unterlassens von Begrüßungsritualen mit Körperkontakt während der jüngsten Pandemie verweisen.

uns herum tun, denken und zum Ausdruck bringen, keine Rolle spielen würde. Allerdings verbindet sich mit dem Begriff Vorbild starker und vor allem bewusster Einfluss einer oder mehrerer anderer Personen durch Ausrichtung an ihrem Verhalten und (auch: partielle) Nachahmung. Als »Vorbild« werden Persönlichkeiten ausgezeichnet, die durch ihre Prominenz für andere Menschen anziehend wirken und sie dazu motivieren bzw. motivieren sollen, sie zum »Typus« (das griechische Wort für Vorbild) oder zum Modell ihrer eigenen Lebensführung zu nehmen, indem sie ihnen in bestimmten Lebenspraktiken, in Maximen, in Einstellungen, Ansichten und Überzeugungen folgen. Galten noch vor wenigen Generationen die Heiligen, Fürsten, erfolgreiche Heerführer und große Forscher als exemplarische Konkretionen eines moralisch imponierenden Lebenslaufs, die durch Pädagogik, kirchliche Verkündigung und staatliche Denkmals- und Erinnerungspolitik institutionell vermittelt und empfohlen wurden, so sind es heute vor allem die Kreativen aus der Musik-, Film-, Fernseh-, Sport- und Modeszene, die latent oder offen zu Idealen oder zumindest zu maßgeblichen Orientierungsgrößen für das eigene Leben oder wenigstens einen Ausschnitt desselben gewählt werden.[44]

Im Internet bieten bis vor kurzem völlig unbekannte und meist auch sehr junge Menschen mit gutem Aussehen oder besonderer Lebensgeschichte (sogenannte Influencer) gleichaltrigen Interessierten an, ihre Gewohnheiten, Vorlieben, Alltagsstrategien und Einsichten zu »verfolgen«, und sind stolz auf die Anzahl der regelmäßigen »Nutzer« in einem sozialen Netzwerk (»Follower«, zu Deutsch: Anhänger), die als untrüglicher Gradmesser für ihre öffentliche Reputation gilt.

Dabei können derlei Vorbild-Generierungen »von unten« durchaus problematisch sein, weil sie ganz im Privaten stattfinden und weil sie durch technische Maßnahmen und ökonomische In-

---

[44] Kenntnis- und geistreiche Ausflüge durch die Geistesgeschichte der Vorbilder bietet Thomas Macho in seinem umfangreichen Buch: Vorbilder, München/Paderborn 2011.

III. Geltungsansprüche im lebensweltlichen Umfeld

teressen um ein Vielfaches verstärkt und auch verfälscht werden können. Das Interesse, das durch den glänzenden Auftritt, die sängerische Leistung, die geschickte Moderation oder ein fantasievolles Arrangement ausgelöst wurde, beschränkt sich ja nicht auf diese Aspekte, sondern greift rasch auch auf die Meinungen zu aktuellen Vorgängen oder sogar auf grundlegende Überzeugungen, die in sie »eingebettet« oder mit ihnen kombiniert werden, über. Infolgedessen können Vorbilder auch verführen oder vereinnahmen, so dass aus Faszination sublime oder auch massive Formen der Abhängigkeit (Gefolgschaft) entstehen können. Sobald Vorbilder Macht ausüben, können sie auch benutzt und instrumentalisiert werden. Deshalb ist es so wichtig, dass Vorbilder auch kritisch hinterfragt werden dürfen.

Zweifellos hat auch die frühere Vorbild-Pädagogik ihre spezifische Problematik, insofern sie davon ausgegangen ist, dass ganze Lebensläufe als homogene Ganzheit genommen und als normative Muster gesetzt werden können, wobei dann meist deren Grenzen und die dunklen Seiten, die solche historischen Persönlichkeiten eben auch hatten, ausgeblendet wurden. Auch in den religiösen Erzählungen, tradierten Legenden und Empfehlungen, sich Gestalten, die heiligmäßig gelebt haben, zum Vorbild zu nehmen, sind die Schattenseiten und die Zeitbedingtheit vielfach nicht thematisiert worden, so dass das von ihnen verkörperte Ideal überhöht oder von vornherein unerreichbar erschien. Das setzt manche dieser Geschichten im Kontext der heute erlebten Komplexität von Lebenssituationen dem Verdacht fantastischer Unwirklichkeit oder aber kitschiger Harmonisch-Machung aus.

In den aktuellen gesellschaftlichen Debatten führt die Ent-Idealisierung großer Persönlichkeiten aus der Geistes- und politischen Geschichte vielfach zu überstürzten und nur oberflächlichen Säuberungsaktionen gegen Denkmäler und Straßennamen aufgrund von Merkmalen der Identität der erinnerten Namensgeber.

Während der zurückliegenden Corona-Pandemie verspürte man vielerorts das Bedürfnis, die lange in Misskredit geratene Kategorie des Heldischen bzw. Heroischen wiederzubeleben und sie im Sinne von über das erwartbare Maß hinausgehender sozialer Engagiertheit umzucodieren mit dem Ziel, die sogenannte Systemrelevanz insbesondere der Pflegeberufe auch für ihre gesellschaftliche und politische Wertschätzung einschließlich deren Ausdruck in höherer Entlohnung zu nutzen. Dieser Versuch, ein »postheroisches Heldentum«[45] zu installieren, erwies sich allerdings als weitgehend bloß symbolisch und stark, solange die angstbesetzte pandemische Bedrohung erlebt wurde. Auch reichten die zahlreichen Zeugnisse über die zweifellos prekäre Lage und Überforderung der Pflegepersonen und deren Bedeutung für die betroffenen Patienten motivational offensichtlich nicht aus, um den Pflegeberuf für einen zunehmenden Anteil der Bevölkerung erstrebenswerter erscheinen zu lassen.[46]

Dennoch steht außer Zweifel, dass für das Gelingen des gesellschaftlichen Miteinanders jenseits von Recht, politischem Management, der Generierung von Wissen und einer professionellen ethischen Reflexion auch anerkannte Vorbilder gebraucht werden. Zum einen als Ermutigung zu den elementaren Gesten der Anerkennung als gleicher und von spontaner Hilfsbereitschaft im Fall von Not jeder Art. Und zum anderen als motivationales Gegengewicht gegen die Erfahrung menschlicher Bosheit, die in der Geschichte immer wieder auch gemacht werden musste und die unzählige Menschen immer wieder daran zweifeln lässt, ob die Menschheit im Lauf ihrer Geschichte aus all dem Schrecklichen und Gewalttätigen etwas gelernt hat. In der erstgenannten Funktion, zu Gesten elementarer Menschlichkeit anzustiften und zu ermuntern, sind auch in der säkular gewordenen Gesellschaft

---

45 So Ulrich Bröckling in seinem Buch: Postheroische Helden. Ein Zeitbild, Berlin 2020.
46 S. dazu Konrad Hilpert, Heroische Zeiten? Wiederkehr der Helden, in: Herder Korrespondenz 74 (2020), H. 9, 41f.

noch immer wirkmächtige Vorbilder neben Jesus von Nazareth die Volksheiligen Martin von Tours und Nikolaus von Myra. In die Nähe, aber mit deutlichem Abstand rangieren lokale Patrone (etwa Patrick von Irland und Niklaus von Flüe) und populäre Gestalten wie Franz von Assisi und Elisabeth von Thüringen. Für die zweite genannte Funktion, nämlich ein Gegengewicht gegen deprimierende Führer wie Hitler, Stalin, Milošević und neuere Autokraten zu bilden, mag man auf mutige Lichtgestalten wie Sophie und Hans Scholl, Mahatma Gandhi, Mutter Teresa und manche local heros mit weniger Prominenz, aber gleichwohl imponierendem Einsatz verweisen. Für den »Rest« reichen die »normalen« Helden, die im Alltag tagtäglich ihren Mann bzw. ihre Frau stehen. Sie verkörpern bis zu den äußersten Belastungen unspektakuläres Engagement, Bereitschaft, sich angehen zu lassen von der Bedürftigkeit und Not anderer, und auch die kompromisslose Entschlossenheit, nein zu sagen gegen Angriffe auf schwächere und wehrlose Dritte.

Ambivalenzen in der Alltagsmoral

»Alltagsmoral« ist eine Kategorie der Wahrnehmung und der Beschreibung sowie der Analyse. Also nicht eine der Bewertung und damit auch nicht eine Zuordnung, die ihren Gegenstand im Gesamten und dessen sämtliche Einzelinhalte im Besonderen als unangreifbar und per se positiv auszeichnen würde. Im Gegenteil muss man sehen, dass sich in diesem Phänomen der Alltagsmoral durchaus auch Problematisches verbergen kann. Ein entscheidender Grund hierfür liegt in einer charakteristischen Eigenschaft der Alltagsmoral, nämlich einfach im zweifachen Sinn von nicht-komplex und von elementar zu sein. Damit sind spezifische Gefahren verbunden, Unmoralisches im Mantel von Moralität als Teil des »normalen« Lebens erscheinen zu lassen bzw. ohne Widerspruch geschehen zu lassen.

Greifbar und beschreibbar sind vor allem folgende Arten von einfachheits-bedingten Gefahren: Vorurteile, Eindeutigkeitsfantasien, Verbots-Lösungen bei sich abzeichnenden Schwierigkeiten, Sympathien für autoritäre Führung anstelle der mühsamen Suche nach gangbaren Wegen angesichts pluraler Meinungen und komplizierter Sichtweisen.

Die vielleicht häufigste Art kognitiver Vereinfachung ist das *Vorurteil*. Vorurteile funktionieren wie Filter der Wahrnehmung. Alle Menschen bedienen sich verallgemeinerter Vorausurteile und Vermutungen, um ihre Erfahrungen und Wahrnehmungen zu sortieren. Sie haben sie meistens von anderen übernommen oder im Einzelfall auch auf der Grundlage von eindrucksstarken Einzelerfahrungen ausgebildet, ohne sie noch überprüft haben zu können. Moralisch fragwürdig sind sie deshalb erst dann und in dem Maße, wie sie durch Informationen, die ihre angenommene Faktenbasis infrage stellen, nicht erschüttert werden können. Sich verhärtend, sozial bestätigt und »aufgeladen« mit Emotionen der Abwehr und negativer Bewertung können sie sowohl bei ihrem individuellen Träger als auch im gesellschaftlichen Miteinander zu generellem Misstrauen gegenüber den Angehörigen bestimmter Gruppen, zu Benachteiligung (Diskriminierung) und zu symbolischen wie auch handfesten Feindseligkeiten führen.

Besonders auffallend und infolgedessen zum Stimulans für eine eigene Forschungsrichtung der Sozialwissenschaften sind die ethnischen Konflikte in den USA und die Aufarbeitung des Antisemitismus in Deutschland nach 1945 geworden.[47] Damit sind aber erst zwei historisch besonders massiv und menschenverachtend in Erscheinung getretene Auslöser für eine Stereotypisierung, die oft mit dem Alltags-Vorgang des Einsortierens in die Schubladen eines Schrankes verglichen wird, genannt, nämlich Hautfarbe und ethnische Herkunft. Typische Gründe können außer ihnen auch Geschlecht, genetische Merkmale, Religion oder Weltanschauung,

---

47 Nach L. Fischer/G. Wiswede, Grundlagen der Sozialpsychologie, München ³2009, 334.

III. Geltungsansprüche im lebensweltlichen Umfeld

politische oder sonstige Ansichten, die Zugehörigkeit zu einer Minderheit, Vermögen, Geburt, Behinderungen, Alter und sexuelle Ausrichtung sein.

Sie alle sind inzwischen Gegenstand grundrechtlicher Garantien und völkerrechtlich verbindlicher Verträge.[48] Solche rechtliche Verbürgung ist eine der wichtigsten und wirksamsten Gegenmaßnahmen im Kampf gegen gruppenbezogene Vorurteile und auf ihnen aufbauende Diskriminierungen. Derlei strukturelle und rechtliche Maßnahmen machen freilich den Kampf gegen etablierte Vorurteile und ihre Weitergabe in Familien, Überzeugungsgruppen, Erziehungsinstitutionen, politischen Vereinen und in alltäglichen Gewohnheiten auf dem den Menschen nahen und vor allem früh erreichenden Weg der pädagogischen und bildungsmäßigen Sensibilisierung sowie der moralischen Aufforderung zum Nachdenken und Überprüfen der eigenen Muster und Einstellungen auf Vorurteile hin nicht überflüssig.

Geht es beim Vorurteil um einen Typus von Vereinfachung, der in kognitiver Schematisierung in einem mit dieser begründeten benachteiligenden Umgang mit anderen besteht, so ist für eine zweite Form von Vereinfachung das Beseitigen bzw. *Vereindeutigen* »des Widersprüchlichen, des Vagen, des Vieldeutigen, des Nichtzuzuordnenden, des Nichtklärbaren«[49] in die bestehenden, für die Kultur konstitutiven, sich ausschließenden Gegensätze von gut oder schlecht, richtig oder falsch, eigen oder fremd, gläubig oder ungläubig, deutsch oder ausländisch usw. typisch. Zum Verschwinden gebracht werden also Nuancierungen, die von der Sachlage her notwendig sind, die jedoch in den geltenden binären Denk- und Ordnungsschemata der Struktur Entweder – Oder nicht abgebildet werden können. Viele Menschen empfinden das Leben mit unentschiedenen Mehrdeutigkeiten als etwas Patholo-

---

48 So etwa in Art. 21 der Charta der Grundrechte der Europäischen Union von 2007.
49 Thomas Bauer, Die Vereindeutigung der Welt. Über den Verlust an Mehrdeutigkeit und Vielfalt, Ditzingen 2018, 79 (im Original alle im Nominativ).

gisches. Manche treten die Flucht aus dieser spannungsvollen Situation an und glauben, in Fundamentalismen politischer, weltanschaulicher oder therapeutischer Spielart die vermissten Eindeutigkeiten zu finden. Anderen hingegen gilt Ambiguitäts-Toleranz als eine angemessene, aber zugegebenermaßen anstrengende Haltung. Man kann vermuten, dass das Funktionieren von Demokratie substantiell auf das Vorhanden-Sein von Ambiguitätstoleranz angewiesen ist.

Ebenfalls erschwerend für die Vereinbarkeit von privater und öffentlicher Meinung und damit auch für die demokratische Willensbildung dürften auch die beiden anderen eingangs genannten Formen von Vereinfachung sein, nämlich die *Sympathie für Verbote* und die Vorliebe für starke Persönlichkeiten, an die man sich anlehnen kann. Es ist jedenfalls auffällig, dass die öffentliche Wahrnehmung von neuen Optionen, seien sie technischer, medizinischer oder informationeller Art, häufig sogleich vor der Alternative Verbieten oder Zulassen bzw. Fördern erörtert wird, so, als seien gesetzliche Verbote das einzige und vorrangige Mittel staatlicher Steuerung.

Schließlich gibt es zumindest in manchen Milieus und Gruppen eine ausgeprägte Neigung, sich lieber an der meinungsstarken *Entschlossenheit einer starken Persönlichkeit zu orientieren* als sich eingehender und offen mit der Komplexität anfallender Fragen in ihrem Für und Wider zu befassen. Es scheint, dass hierbei dem Internet eine zentrale Funktion zukommt, insofern es einerseits die Möglichkeit bietet, dass jeder seine Meinung kundtut und die Chance hat, damit selbst eine Öffentlichkeit zu finden, und andererseits die Regeln der Höflichkeit, die in der direkten Kommunikation gelten, ignoriert werden können. Vereinfachung spielt hier zusammen mit Schnelligkeit und Vervielfachung. Chancen, hiergegen Widerständigkeit zu entfalten, erwachsen aus drei Haltungen: der Kritik als Bereitschaft, das als gegeben Vorgestellte kritisch zu hinterfragen, der Reflexivität als Innehalten im raschen Verlauf, um Gesagtes, Behauptetes und Gewünschtes noch einmal zu bedenken und neben der Spontaneität auch auf die Erfahrung

III. Geltungsansprüche im lebensweltlichen Umfeld

zu hören; und schließlich aus dem Willen und der Bereitschaft, sich im Kontext pauschaler Behauptungen auch mit konkreten Einzelfällen konfrontieren zu lassen.

Nur wenn diese Haltungen bei vielen Bürgern kultiviert werden, steht auch die Kraft zur Verfügung, die verhindern kann, dass beispielsweise jüdische Einrichtungen in Deutschland Tag und Nacht und die Schulwege jüdischer Kinder in manchen Orten durch die Polizei geschützt werden müssen, oder dass Flüchtlingsunterkünfte »aus der Mitte der Gesellschaft heraus« angegriffen werden oder dass Schulkinder, die von ihrem Aussehen her als andersartig erkannt werden, statistisch häufiger beschimpft und gemobbt werden.

IV. Selbstverständliche Erwartungen mit moralischer Tiefendimension

Sprechen, Darstellen und Erzählen

Die häufigste Art, wie wir im Alltag mit anderen in Verbindung treten, ist das Sprechen. Durch Sprechen geben wir Informationen weiter, belanglose (dann spricht man von »Klatsch« oder »Tratsch«) und gelegentlich auch inhaltsschwere. Durch Sprechen geben wir mehr oder weniger kluge Ratschläge oder nehmen Anteil an der Sichtweise anderer. Durch Sprechen drücken wir aber auch Gefühle aus und geben Auskunft über unsere augenblicklichen Stimmungen. Ja, mehr noch, wir können uns durch Sprechen auch vor anderen darstellen, ein Bild von uns schaffen oder einen gewollten Eindruck von uns hinterlassen. Und wir können darauf abzielen, dadurch Einfluss auszuüben.

Bei all diesen Funktionen des Sprechens kommt es nicht nur auf den *korrekten Gebrauch der Sprache* und der Gesetze ihrer Grammatik an, damit das, was mitgeteilt wird, auch richtig, das meint: genau so, wie es vom Sprechenden gemeint war, verstanden wird.

Vielmehr geht es in der Alltagskommunikation auch darum, und zwar andauernd, dass das Sprechen auch mit dem übereinstimmt, was der, der spricht, denkt. Das Sprechen hat in diesem Sinn *wahrhaftig* zu sein – davon gehen wir von klein auf aus, und es ist die unausgesprochene Grundlage jedes gegenseitigen Vertrauens. Wird das geschenkte Vertrauen missbraucht oder enttäuscht, kann das schwerwiegende Folgen haben: Unsicherheit, Rückzug, Geneigtheit zu Unterstellungen und Kontrollwahn bei

IV. Selbstverständliche Erwartungen mit moralischer Tiefendimension

der sich getäuscht fühlenden Person, Erschwerung und Belastung, bisweilen auch das »Aus« für das gedeihlich-unkomplizierte Miteinander in der Nachbarschaft oder im Kreis der Bekannten und Freunde.

Es gibt aber nicht nur die mögliche Nicht-Übereinstimmung und Widersprüchlichkeit zwischen innerem Denken und dem an Andere adressierten Reden, sondern auch die gewollte Nicht-Übereinstimmung von Darstellung und Sache. Falsche Informationen, Verdrehung von Fakten ebenso wie das Verschweigen relevanter Auskünfte (z.B. über die Defekte eines Automobils oder eines anderen Gegenstands, den wir jemandem verkaufen möchten) bezeichnet man im Alltag als *Lügen*. Zur kulturellen Tradition gehören auch bekannte Sprichwörter, die das Lügen als Problem behandeln.[50]

Weil der Umgang mit der Sprache für den gedanklichen und symbolischen Umgang mit den Dingen, aber auch mit den Beziehungen und Gefühlen und schließlich auch mit den Vorgängen und Ereignissen notwendig und unvermeidbar ist, gehört Lügen in den genannten drei Spielarten zu den häufigsten moralischen Verstößen, die im Alltag vorkommen. Die alltagsmoralische Norm, die dagegen in Stellung gebracht wird, wird im Allgemeinen ebenso schlicht mit Verpflichtung zur Wahrheit umschrieben und gehört bis heute zur Quintessenz moralischer Erziehung von Kindesbeinen an. Was hierbei »Wahrheit« meint, scheint einfach zu sein, ist es aber nicht wirklich, weil die Wahrheit nicht so einfach erkannt werden kann. Denn es gibt zwar Fakten, doch bedürfen sie einer kohärenten Erklärung. Eine solche ist aber nur in andauernder und konsequenter Abgrenzung vom »Schein« zu gewinnen, der seine Plausibilität aus dem Spielraum bezieht,

---

50 Zur alltäglichen Lüge und ihrer Einordnung und Bewertung s. Alexander Flierl, Die (Un-)moral der Alltagslüge? Wahrheit und Lüge im Alltagsethos aus der Sicht der katholischen Moraltheologie, Münster 2005, sowie Alfons Maurer, Alltägliche Moral – Moral des Alltäglichen. Sinnerschließung und Orientierung im Horizont des Alltags, in: Thomas Laubach (Hg.), Ethik und Identität. Festschrift für Gerfried W. Hunold, Tübingen/Basel 1998, 29–40.

wie die Fakten jeweils dargestellt und wie sie im Zusammenhang gedeutet werden. In dem Maß, wie es Lücken in den Informationen gibt und Zeugen fehlen, haben Absichten, etwas zu bewirken oder Beurteiler zu überreden, eine zusätzliche Chance, zumal erwünschte Meinungen manchmal mit der Prämie öffentlicher Aufmerksamkeit, des Ansehens oder neuer Aufträge belohnt werden.

Sprechen ist also nicht immer etwas, das nichts mit Moral zu tun hat. Im Gegenteil. Im Alltagsleben gibt es wegen der angedeuteten Schwierigkeiten mit dem Erkennen der Wahrheit einerseits strenge Grenzziehungen und andererseits konventionalisierte Bereiche, innerhalb derer der Gegensatz von wahr und falsch bzw. von: die Wahrheit sagen und lügen aufgehoben oder wenigstens durchlässig gemacht ist. Zu den Bezirken, die vom Bereich des gewöhnlichen Darüber-Sprechens abgegrenzt werden, gehören gesellschaftliche *Tabus*, worunter heute im Gegensatz zu prüderen Zeiten weniger das Sexuelle fällt, aber alles, was mit der Präsenz von Sterben und Tod zusammenhängt und in zunehmendem Maße auch Religiosität. Scharfe Grenzen werden, unterstützt und vorangetrieben vom Recht (Datenschutz), gegenüber allen persönlichen Angaben gezogen. Hingegen werden unter *Geheimhaltungs-Pflicht* stehende Daten von staatlichen Behörden und Wirtschaftsunternehmen unter dem Beifall großer Teile der Öffentlichkeit »durchgestochen« oder »geleakt«. Die Rechtfertigung hierfür ähnelt erstaunlich den traditionellen Argumenten zugunsten der sogenannten *Notlüge*: Sie wird als Hilfsmaßnahme in einer Zwangslage definiert, die trotz ihrer moralischen und rechtlichen Unerlaubtheit gesellschaftlich positive und aufs Ganze gesehen reinigende Wirkung entfaltet und somit zu entschuldigen ist.[51] *Whistleblower* wie Julian Assange und Edward Snowden genießen in der öffentlichen Meinung hohes Ansehen, weil sie

---

51 Vgl. dazu Jean-Michel Rabaté, Notlügen: Platon, Nietzsche und Hollywood, in: Margery A. Safir (Hg.), Sprache, Lügen und Moral. Geschichtenerzählen in Wissenschaft und Literatur, Frankfurt a. M. 2009, 41–83.

IV. Selbstverständliche Erwartungen mit moralischer Tiefendimension

interne, unter Geheimnisvorbehalt stehende Kenntnisse benutzt haben, um Missstände aufzudecken.

Zu den Bereichen, die im kulturellen Leben durch langjährige Konventionen gleichsam als *Reservate* installiert sind, innerhalb derer die Logik des Gegensatzes von wahr und falsch aufgehoben oder wenigstens spielerisch relativiert ist, gehören: das Erzählen von (tatsächlich geschehenen oder erfundenen) Geschichten (Märchen, Legenden, Mythen, Utopien), die Pflege von Doppeldeutigkeit als Kunstform (Kabarett, Büttenrede, Ironie, Satire), Theater und Oper als Orte künstlerisch herbeigeführter Illusionen.

Eine in diesem Zusammenhang noch zu erwähnende, weil beachtenswerte Kategorie analytischer Unterscheidung zwischen künstlerischer Fantasie und Verlogenheit als Haltung ist die Klassifizierung von künstlerischen Erzeugnissen als *Kitsch*. Sie möchte aufmerksam machen auf Beschönigung und Zurechtbiegung von Wirklichkeit durch Ästhetik mit dem Ziel, Widersprüchliches, Unvollkommenes und Störendes im Interesse von Oberflächlichkeit, harmonischer Stimmigkeit und Tröstung zu eliminieren.[52] Das stellt unter anderem eine Herausforderung an Formen dar, in denen Religion und Frömmigkeit (vor allem in der sogenannten Volks-Frömmigkeit) ausgedrückt, versprachlicht und verbildlicht werden.

Die Welt des Alltags des Einzelnen ist auch ein bevorzugtes Ziel politischer Ansprache. Sie unterscheidet sich vom Sprechen unter Einzelpersonen durch ihre Allgemeingültigkeit, ihre Reichweite, die leicht zig Millionen Hörer oder Seher erfassen kann, und durch ihre Wirkungstiefe, die sich häufig psychologischer Expertise bedient. Dank Internet und social media sind Geschwindigkeit, Aktualität, Erreichbarkeit und Wiederholungsfrequenz um ein Vielfaches gesteigert worden.

---

52 S. dazu einige Überlegungen in Konrad Hilpert, Wiedergelesen. Bücher einer Generation – Fünfzig Jahre später, Baden-Baden 2020, 23–29.

Sprechen, Darstellen und Erzählen

Die bekannteste und schon in der Antike praktizierte Form politischen Sprechens in Wort, Bild und Erzählung (»Narrativ«) mit dem Ziel, eine möglichst große Anzahl von Bürgern und Bürgerinnen, »das Volk« bzw. »die Massen« zu beeinflussen, ist die staatliche *Propaganda*. Sie findet statt, wenn eine Regierung, einflussreiche Amtsträger oder Parteiführer eine bestimmte, von ihnen vertretene Meinung mit Mitteln der Rhetorik, der Information und der Vereinfachung zur tonangebenden zu machen sich bemühen. Zu den typischen Merkmalen der Propaganda gehört nicht nur die affirmativ-werbende Selbstdarstellung, sondern auch die damit einhergehende Abwertung oder Ignorierung entgegenstehender Ansichten und Kritiken. Beliebte Mittel, die dazu eingesetzt werden, sind die Verbreitung falscher oder wenigstens völlig einseitiger Informationen, das Schüren von Ängsten und das Betreiben von Verunsicherung, sowie Polemik bis hin zur Militanz. Letzteres kann auch durch die Benutzung oder Verstärkung latent vorhandener Vorurteile bewirkt werden und gerät dann leicht zur Hetze gegen bestimmte Gruppen oder Minderheiten.

Während das Werben für die eigenen Ziele und Vorhaben der Regierung und einer sie tragenden Partei durch die Öffentlichkeit unabhängiger Medien und die Prozeduren parlamentarischer Legitimation diszipliniert werden kann, lässt sich in den letzten Jahren verstärkt das Phänomen beobachten, dass außerparlamentarische Akteure unter Inanspruchnahme der Rede-, Meinungs- und Demonstrationsfreiheit Menschen, die unzufrieden sind mit ihrer Lebenssituation und beobachteten Entwicklungen, »einsammeln«, indem sie sich deren Stimmungslagen und Befürchtungen zu eigen machen und ihnen einfache, auf markige *Parolen* reduzierbare Lösungen anbieten, für deren Sichtbarkeit der Platz auf Transparenten, Anstecken und T-Shirts ausreicht. Solches Vorgehen wird häufig als *populistisch* kritisiert. Unterstützt bzw. gefördert wird diese Entwicklung durch faktische Sprechverbote (cancel culture) und die Weigerung vieler Politiker, unangenehme Wahrheiten, zu denen in der Regel die entstehenden Kosten und

IV. Selbstverständliche Erwartungen mit moralischer Tiefendimension

unbeherrschbare gesellschaftliche Folgen gehören, klar zu benennen.

Wie kompliziert die Sache mit der Wahrheit im Spannungsfeld von Information, Politik und Medien für den durchschnittlichen Bürger wegen des Verschwimmens der Grenzen zwischen Wahrheit und Lüge bis in seine Alltagsorientierung hinein geworden ist, kann man exemplarisch an den Nachrichten über die Explosion am Ahli-Arab-Krankenhaus in Gaza während des jüngsten Nahostkonflikts am 17. Oktober 2023 studieren. Während für einen Teil der Weltpresse schon nach einer Stunde feststand, dass es sich um einen israelischen Luftangriff handle, glaubten Andere, mit Sicherheit ausschließen zu können, dass eine Rakete des Islamischen Dschihad die Ursache gewesen sein könnte. Die Indizien verdichteten sich aber genau nach dieser Richtung hin. Trotzdem kam es in arabischen Ländern und weltweit darüber hinaus zu heftigen Massenprotesten gegen Israel. Ein Beobachter kommentiert:

> »Die Welt erlebt hier das Zusammenspiel von Fake News und Doppelmoral. Wer sich nicht an die Wahrheit halten muss, kann glauben, was er will. Und glauben machen. Die amerikanische Kongressabgeordnete Ilhan Omar verbreitete [...] ein Foto, das tote Kinder zeigt, in weißen Leinensäcken liegend. Omar teilte auf X [...] einen Tweet mit dem Foto, in dem [...] stand: »Child Genocide in Palestine«. [...] In Wahrheit stammt das Foto aus dem Jahr 2013. Zu sehen sind syrische Kinder in Ghouta bei Damaskus, getötet durch Giftgas des Assad-Regimes. Unter denen, die das Foto auf X teilten, waren Anhänger des syrischen Machthabers. [...] Wie soll man es nennen, wenn Assads Anhänger [...] Fotos benutzen von einer Tat, die sie abstreiten, und damit gegen Israel agitieren?«[53]

---

53 Raphael Geiger, Die Wahrheit ist schon tot, in: Süddeutsche Zeitung vom 21./22.10.2023, 4.

Scham empfinden und beschämen

Die meisten Menschen können sich an Scham-Erlebnisse aus ihrer Kindheit erinnern. Typischerweise hatten sie mit dem Antworten-Müssen auf Fragen zu tun wie der, ob man derjenige sei, dem ein wertvolles Gefäß oder eine Figur zu Boden gefallen und zersprungen sei; oder die, die das Spielzeug eines Freundes kaputt gemacht hat; oder der, der einen Klassenkameraden »verraten« hat; oder die, die ein anvertrautes Geheimnis trotz Versprechens ausgeplaudert hat. Oder auch, dass man, vor anderen aufgefordert zu einer Antwort, nicht richtig antworten konnte. Alles Banalitäten – sagen wir heute aus dem zeitlichen und biografischen Abstand leichthin und können uns doch genau an die seinerzeit gefühlte Scham und die Hitze, die im Gesicht aufgestiegen ist, erinnern, wenn wir mit Nachdruck versichert haben, dass wir es nicht gewesen waren. Scham tritt offensichtlich zuerst in moralischen Zusammenhängen auf, also wenn es um Wahrheit oder Lüge geht, um Treue oder Untreue, um Schaden für andere und Schuld, um Gewissen und die Bedrohung des Bildes, das wir von uns selbst in unserem Inneren haben. Erst dann spielt mit fortschreitender Entwicklung auch das eine Rolle, was Erwachsene oft gern als erstes mit dem Begriff »Scham« assoziieren: bestimmte Körperregionen oder Organe, die mit Ausscheidung zu tun haben, körperliche Nacktheit und Inszenierung von Entblößung. Diesbezüglich ist die Erinnerung an das Gefühl der Scham aus heutiger Sicht aber nicht ganz eindeutig: Die anerzogene Scham von damals kann sich im Lauf der Zeit als Hemmung und Prüderie manifestieren. Umgekehrt hinterlässt die vielfach unter dem Banner von Befreiung und Aufsprengung alter Tabus bewirkte Schamlosigkeit heute bisweilen den Eindruck, dass etwas Notwendiges und Wohltuendes abhandengekommen sein könnte, was nicht wenige beklagen.

In den zuständigen Wissenschaften ist erst in den letzten Jahren richtig klargeworden – ein deutliches Anzeichen dafür sind

IV. Selbstverständliche Erwartungen mit moralischer Tiefendimension

die vielen Veröffentlichungen zum Thema[54] –, welch bedeutende Rolle das Schamgefühl, seine Vermeidung, aber auch seine Instrumentalisierung im Verhältnis des Individuums zu sich selbst, im gesellschaftlichen Miteinander und in der Politik spielen. Das gilt auch für das Alltagserleben. So gut wie jeder und jede hat Erfahrungen gemacht oder wenigstens Beobachtungen darüber sammeln können:

Manche haben Scham empfunden, wenn sie spontan oder sogar entgegen ihrer festen Absicht beim Verabschieden oder bei einer Beerdigung von Tränen der Trauer oder während einer Auseinandersetzung mit einem Vorgesetzten von solchen der Wut »übermannt« wurden. In manchen ist die Erinnerung wach, wie peinlich es für sie gewesen ist, wenn sich Erwachsene am Strand oder im Schwimmbad oder in der Sporthalle neben ihnen ohne jede Vorsichtsmaßnahme entkleidet haben. In der Zeit der Pubertät, wo die körperlichen Veränderungen schon genug Irritation mit sich bringen konnten, wurde es als besonders unangenehm empfunden, Gegenstand intensiver Beobachtung und Kommentierung durch Andere zu werden. Vielen Menschen ist es sichtlich unwohl, wenn sie vor Anderen gelobt werden. Manche verstummen betreten und zeigen sich beschämt, wenn im Beisein Fremder oder nur entfernt Bekannter ganz Persönliches von ihnen selbst oder auch von Anderen zur Sprache kommt: Intimes aus Beziehung und Ehe, Schwierigkeiten mit den Kindern, Geldsorgen, ein lange zurückliegender Fehltritt, das Versagen bei einer

---

54 Z.B. Léon Wurmser, Die Maske der Scham. Zur Psychoanalyse von Schamaffekten und Schamkonflikten, Berlin ³2017; Micha Hilgers, Scham. Gesichter eines Affekts, Göttingen ²1997; Till Bastian, Der Blick, die Scham, das Gefühl. Eine Anthropologie des Verkannten, Göttingen 1998; Jean-Claude Bologne, Nacktheit und Prüderie. Eine Geschichte des Schamgefühls, Weimar 2001; Stephan Marks, Scham – die tabuisierte Emotion, Düsseldorf ²2009; Jens L. Tiedemann, Scham, Gießen 2013; Richard Breun, Scham und Würde, Freiburg/München 2014; Kristian Fechtner, Diskretes Christentum. Religion und Scham, Gütersloh 2015; Rita Werden, Schamkultur und Schuldkultur. Revision einer Theorie, Münster 2015.

Prüfung, eine noch nicht bekannt gegebene Schwangerschaft oder auch deren schicksalhaftes Ende durch eine Fehlgeburt. Und nicht wenige dürften auch schon einmal erlebt haben, dass sie Scham empfunden haben, als ihnen jemand mit zufälliger oder vielleicht doch absichtlicher Berührung, mit Worten und Anspielungen oder mit aufreizender Kleidung zu nahegetreten ist, um einen zu provozieren.

Die Beispiele zeigen, dass sich das Empfinden von Scham keineswegs nur auf Sexuelles, körperliche Nacktheit und erotisch ansprechendes Aussehen in der ganzen Bandbreite von leibhaftiger Präsenz, von Spiel, künstlerischem Bild und medialer Reproduktion, Sprache und symbolischer Codierung bezieht. Vielmehr kann sich Schamempfinden auch auf den Verlust von körperlicher Attraktivität und geistiger Vitalität infolge von Älterwerden oder Krankheit erstrecken, sowie auf bestimmte körperliche Eigenheiten, die gemeinhin als ästhetischer Makel gewertet werden (meistens: Übergewicht, Falten, Fettansatz, Nasenhöcker, bei Frauen vermeintlich zu kleine oder zu große Oberweite), auf Verschuldung und Armut und sogar auf das Ergriffen-Werden durch starke Gefühle. Hierbei geht es oft nicht nur um das Bewusst-Werden eigener Schwächen, sondern auch um das Gefühl, sich als abhängig von und als angewiesen auf andere zu erleben (was von den Betroffenen oft in die Redeweise vom »Nicht-zur Last-fallen-Wollen« verpackt wird).

Schamgefühle beziehen sich auf die eigene Person. Sie werden typischerweise als einen »überfallend« erlebt, gehören also zu dem an und in uns, was »erlitten« wird und nur in Maßen kontrolliert werden kann. Deshalb werden sie als verunsichernd erlebt, als etwas, was vorhandene Selbstsicherheit – zumindest für die Dauer der Empfindung und später dann auch in der Erinnerung – in Frage stellt.[55]

---

[55] Zur Phänomenologie der Scham treffend: Kristian Fechtner, Diskretes Christentum. Religion und Scham, Gütersloh 2015, 43f.

IV. Selbstverständliche Erwartungen mit moralischer Tiefendimension

Ausgelöst wird Scham-Empfinden durch die Blicke der Anderen, tatsächliche wie auch bloß imaginierte oder vorweggenommene. Scham-Empfinden ist demnach ein Beziehungsgeschehen.[56] Im Blick des Anderen bzw. Anderer kann ich mich bloßgestellt fühlen als jemand, der ich dem Anschein nach bin, aber vielleicht gar nicht sein möchte.

Ganz offensichtlich aber ist das Scham-Empfinden nicht nur etwas Negatives, das ans Licht tritt, wenn ein Defizit an mir festgestellt wird, das von meinem Wunschbild von mir abweicht. Scham zu empfinden ist vielmehr auch eine »individuelle Fähigkeit«, also ein positives Vermögen, eine Grenze um sich zu ziehen, durch die sich eine Person »vor der Zudringlichkeit und den Übergriffen der Anderen schützt«[57]. Man könnte es auch so ausdrücken: Scham ist eine Fähigkeit, eine Grenze zu markieren und jederzeit darauf aufmerksam machen zu können, wenn Andere einen »unzulässig berührt oder gar verletzt haben«[58]. »Durch die Scham und in ihr wird eine private Sphäre abgesteckt, gleichsam ein Sichtschutz des Persönlichen. Zu diesem Bereich haben andere keinen Zutritt, ihnen wird ein Einblick verwehrt: So will ich nicht gesehen werden, das will ich nicht von mir preisgeben. Und im Gegenzug gilt: Ich stoße an die Schamgrenzen Anderer. Wo sie respektiert werden, mithin Scham wahrgenommen und erwidert wird, da wird die Verletzlichkeit menschlicher Existenz eingehegt.«[59]

In der alltäglichen Lebenswelt gibt es zahlreiche Konstellationen, in denen das Empfinden von Scham unwillkürlich auftritt und Betroffene wie auch »Dienstleister« vor die Aufgabe stellt, angemessen damit umzugehen. Zu diesen Scham erzeugenden Situationen gehören vor allem solche, die *durch soziale, medizi-*

---

56 Dazu mit Rückgriff auf philosophische Beschreibungen von Jean-Paul Sartre: Fechtner, Diskretes Christentum, 44–46.
57 Ebd. 46.
58 Ebd. 47.
59 Ebd. 47.

nische oder auch pflegerische Bedürftigkeit bedingt sind. Die dadurch ausgelöste Scham ist häufig ein Hindernis dafür, sich rechtzeitig und umfassend Informationen über die Möglichkeiten der Hilfe zu beschaffen, erst recht aber dafür, die eigene Befindlichkeit (etwa Verlust der Arbeitsstelle, Depression, Erschöpft-Sein, eine psychische Erkrankung u.ä.) den vertrauten Menschen in der eigenen Umgebung mitzuteilen. Manchmal ist sie auch so stark, dass eigentlich bestehende Ansprüche auf Unterstützung und Hilfe erst gar nicht geltend gemacht werden. Medizinische und pflegerische Routinen muten den Patienten oft Handlungsweisen und Settings zu, die ihnen schwerfallen, zumal wenn sie nach eigener Einschätzung ihre frühere Schönheit eingebüßt haben oder stark gealtert aussehen, wie: das Sich-entblößen-Müssen (semantisch verharmlost als »Sich-Freimachen«) für anstehende Untersuchungen, für Waschvorgänge, das Verbinden, das Entleeren von Darm und Blase, die Besprechung persönlicher Befindlichkeit und körperlicher Empfindlichkeiten – meistens zusätzlich vor fremdem Personal und in Anwesenheit von Mitpatienten. Was für die Einen einfach professionelle Routine ist, tausendfach verrichtet, kann für die Anderen eine Verletzung der persönlichen Intimsphäre und eine Bedrohung ihrer Autonomie bedeuten, zumal im klinischen Alltagsbetrieb auch andere, sonst übliche Höflichkeitsregeln wie das Anklopfen und das In-Ruhe-Lassen, solange jemand schlafen möchte, suspendiert oder jedenfalls zurückgestellt werden müssen.

Auch *religiöse bzw. spirituelle Ansichten, Praktiken oder darauf zielende Fragen und Äußerungen* können Schamgefühle hervorrufen. Ganz neue Dimensionen von Herausforderung an den Umgang mit dem Schamempfinden ergeben sich aus der *Omnipräsenz von Medien und Bildern*; denn sie leben einerseits von den Geschichten und der Darstellung von ganz Persönlichem, benötigen andererseits dafür konkrete Personen, die solches Persönliches preisgeben und sich dadurch verletzbar machen. Häufig ohne es zu wissen oder zu ahnen, häufig aus naiver Neugier oder um Aufmerksamkeit zu erlangen oder um momentan als

IV. Selbstverständliche Erwartungen mit moralischer Tiefendimension

einengend empfundene Ansprüche von Normen der Erwachsenengeneration abzuwehren.

Zu den Erfahrungen, die jeder und jede schon einmal selbst gemacht hat, gehört auch die, dass das Scham-Empfinden von anderen benutzt und gezielt gegen die eigene Person gerichtet werden kann. Solches »*Beschämen*« ist eine höchst wirksame, weil häufig nur indirekt und »still«, das meint hier: unbemerkt gesteuerte Art und Weise, wie Macht ausgeübt werden kann. Praktiziert und geradezu kultiviert wurde sie in der Vergangenheit vornehmlich in Schulen, Berufsausbildungs-Institutionen, beim Militär und in der Familie. Im Gedächtnis von zahllosen heute Lebenden ist sie als Erinnerung an Kränkungen, die zum Teil schon viele Jahrzehnte zurückliegen, lebendig geblieben, die von Generation zu Generation weitergegeben wurden. Und das auch noch, als Beschämung als neben oder in Verbindung mit Körperstrafen (Stockschläge auf das Gesäß, »Tatzen«, in der Ecke oder vor der Türe stehen) gebräuchlichstes *Erziehungsmittel* in Schule und elterlicher Erziehung längst delegitimiert war. Zumindest rechtlich und in der pädagogischen und psychologischen Theorie. In Resten freilich mag es sie immer noch geben.

Beschämung erreicht ihr Ziel dadurch, dass sie eine begrenzte, bereits bestehende Öffentlichkeit wie etwa eine Schulklasse oder einen Schulungsjahrgang als Forum benutzt, vor dem der so vorgeführte bzw. zu bestrafende Einzelne den Blicken der zuschauenden Anderen, aber zusätzlich auch deren Schadenfreude und Spott ausgesetzt wird, in schlimmeren Fällen nicht nur als Täter des Fehlverhaltens, sondern auch als an den zugefügten Schmerzen Leidender oder von ihnen Überwältigter.

Beschämung vor dem Forum der Öffentlichkeit ist eine Taktik, deren sich auch eine ganze Gesellschaft oder Teile von ihr, soziale Bewegungen und politische Regime bedienen können, um missliebige Personen oder Personengruppen sozial zu diskreditieren. Im Mittelalter gab es in den Stadtgesellschaften die Einrichtung des *Prangers*, an den angekettet verurteilte Personen der Schmähung und Beschimpfung der Vorbeikommenden ausgeliefert wurden, zeitlich begrenzt, aber mit kaum begrenzbaren Langzeitfolgen. In politisch aufgewühlten Phasen und bei schwächelndem Gewaltmonopol oder nach tiefgreifenden Machtwechseln ist dieses archaische Ritual immer wieder aufgelebt, wie es für den Umgang mit manchen örtlichen Parteiführern der Nazis, Kollaborateuren, mit Besatzern und mit Frauen, die sich mit feindlichen Soldaten oder Kriegsgefangenen eingelassen haben, in den ersten Jahren nach dem 2. Weltkrieg in vielen Ländern dokumentiert ist. Vorausgegangen war die jahrelange systematische *Stigmatisierung* der Juden als Bürger zweiter Klasse und dann als »Untermenschen«, die der Vernichtung zugeführt werden sollten. Nach demselben Muster wurden auch andere Gruppen und Minderheiten gekennzeichnet, des Staats- und Bürgerrechts, das die meisten ja hatten, beraubt, ausgesondert und den Vernichtungslagern zugeführt. Der Beschämung vor der Öffentlichkeit dienten auch die Gerichtsverhandlungen gegen Regimegegner, etwa Verantwortliche für den Attentatsversuch vom 20. Juli 1944, die zusätzlich durch fehlende Hosenträger, Wegnahme ihrer Rangabzeichen und unflätige Anrede von Seiten der Richter gezielt der Lächerlichkeit preisgegeben wurden.

Aktuell wird viel geklagt über *Mobbing* bereits unter Kindern und Jugendlichen und auch am Arbeitsplatz. Auch das Mobben folgt dem Drehbuch der beschämenden Herabsetzung und Entwertung vor den Anderen mit dem Fokus auf ein bestimmtes Merkmal im Aussehen oder im Auftreten, das als Mangel gewertet wird. Dabei spielen die neuen Möglichkeiten der sogenannten sozialen Medien, Öffentlichkeit in Windeseile herzustellen und mit Bildern zu erreichen (auch wenn diese u.U. gefälscht (»gefakt«) sind), eine zentrale Rolle. Beschämung einzelner Personen oder ganzer Gruppen kann sowohl das Ergebnis wie auch die beabsichtigte Folge der Skandalisierung und Entfachung einer Welle von Entrüstungen in den sozialen Medien sein (*shitstorm*).

Der Einzelne, der solche Mechanismen in seinem Alltag erlebt oder als Information mitbekommt, verfügt nicht über die Macht, sie zu stoppen. Das ist Aufgabe der Ausgestaltung des Rechts und einer ethikbasierten Medienpolitik. Aber er kann durch mutiges Verhalten, durch seine Weigerung, mitzumachen und entsprechendes Verhalten als »normal« hinzunehmen, sowie durch Fragen bei den Autoren nach der Berechtigung Nachdenklichkeit ins Spiel bringen und so dazu beitragen, dass Vorgänge des Fertigmachens durch Beschämung ins Stottern geraten.

Entschuldigung und Verzeihung

»Schuld« ist ein zentrales Thema, in der Gesellschaft und in der Politik ebenso wie im Verhältnis zwischen Personen und zwischen Generationen. »Schuld« bezieht sich häufig auf kleine »Patzer« und Unbedachtheiten, die für einen Anderen unangenehme oder auch schmerzliche Folgen haben, das Verschütten einer Kaffeetasse beim Besuch, das bleibende Flecken hinterlässt, ein falsches Wort, das eine emotionale Überreaktion auslöst, die versehentliche Berührung an einer Stelle des Körpers, die besonders empfindlich gegen Schmerzen ist, Blicke, Anspielungen und Behauptungen, die bei Anwesenden Empörung oder Scham auslösen u.a.m. Solche Fehler werden üblicherweise mit »Entschuldigung«, »Sorry« oder der Bitte um Verzeihung kommentiert; der Verursacher drückt so sein Bedauern aus. Es gehört zum guten Stil eines zivilen Umgangs miteinander (man könnte auch sagen: zur Alltagsmoral), dass diese Bitte stillschweigend oder auch explizit angenommen wird und damit die Schuld als aus der Welt geschafft gelten darf. Es sei denn, die Verfehlung wird wiederholt oder sie wird zur Gewohnheit wie beim Schwindeln und Übervorteilen anderer. Häufig scheuen sich auch Menschen, die miteinander vertraut sind, solches negativ bewertetes Gewohnheitsverhalten einander »ins Gesicht« zu sagen. Mit steigender Anonymität sinkt umgekehrt die Hemmschwelle, von anderen zugefügte Beschädigungen und Kränkungen für sich zu behalten und Wiedergutmachungsansprüche zu optimieren.

Entschuldigung und Verzeihung

Die Bitte um »Entschuldigung« gehört zu den elementarsten Elementen der Alltagsmoral und zu jenen erzieherischen Standards, die bereits im Kleinkindalter eingeübt und von den Bezugspersonen eingefordert werden. Das kann schwierig sein, weil die Konfrontation mit dem eigenen fehlerhaften Verhalten schon bei Kindern Versuche auslöst, die Verantwortung dafür auf andere Personen zu verschieben und die eigene Beteiligung zu leugnen oder wenigstens kleinzureden oder mit externen Zwängen zu erklären (»Ausrede«). Bitten um Entschuldigung sind nur aufrichtig, wenn sie umgehend erfolgen.

Aber nicht nur im persönlichen Verkehr mit seinesgleichen spielen Fehlverhalten, Missgeschick, momentanes Versagen und undisziplinierte Äußerungen und die bedauernde Bitte um Entschuldigung eine wichtige Rolle, sondern auch in der politischen Repräsentation. Vor allem dann, wenn es um die Erinnerung an die Geschichte des Kollektivs geht, zu dem man selbst gehört (Volk, Nation, Kirche, Generation, Institution, die über längere Zeit besteht usw.). Sowie auch, wenn unvorhergesehene Katastrophen eingetreten sind. Beide Male handelt es sich um komplexe Zusammenhänge und infolgedessen um mehrschichtige Ursachen. Der Blick darf weder nur auf die persönliche Schuld einzelner Beteiligter beschränkt noch als für die Mitglieder der nachfolgenden Generation erledigt gehalten werden. Es müssen auch die *Verstrickungen* derer berücksichtigt werden, die ein Regime, das verbrecherische Taten verübt hat, legitimiert und akzeptiert und dadurch seine Aktionen ermöglicht haben, sowie derer, die bei Unrechtstaten aus Opportunismus oder Feigheit weggeschaut oder geschwiegen haben. Und es muss von den Späteren, auch wenn sie keine Täter waren, akzeptiert werden, dass sie als Mitglieder einer Nation, eines Milieus, einer Gruppe oder einer Institution eine Mitverantwortung dafür tragen, dass die geschehene Schuld der Vergangenheit im Gedächtnis bleibt und ihre Beteiligung an der Aufarbeitung verlangt.

Alltagsmuster und die Übertragung von Kausalitäten aus dem Zusammenleben mit nahen Angehörigen werden solcher Mehr-

IV. Selbstverständliche Erwartungen mit moralischer Tiefendimension

schichtigkeit selten gerecht. Insofern bedarf es hier gründlicherer Reflexionen und fachlicher Expertise. Auch wird die Frage nach der historischen Schuld häufig vermischt mit oder sogar instrumentalisiert für politische Interessen.

Dennoch ist auch die Alltagsmoral mitbetroffen, vor allem in der Weise, dass Einzelne *populistischen Herleitungen und Zuschreibungen an Schuldige* (Gruppen, Minderheiten u.a.) Glauben schenken und sie weiterverbreiten, sie also in ihrer Alltagswelt fest verorten. Umgekehrt neigen öffentliche Bezichtigungen, die gegenüber früheren Generationen ohne jedes eigene Risiko erhoben werden, zu pauschalen Verurteilungen ganzer Strecken der Geschichte nach moralischen Maßstäben, die erst in jüngster Zeit errungen wurden. Diskreditierende Formeln wie *Kolonialismus, Rassismus, Antisemitismus, Frauenfeindlichkeit* und auch die ökologische *Ausbeutung* des Planeten können dann schnell zu Kampfformeln geraten, die klare Fronten schaffen, aber zur Erhellung aktueller Vorgänge und Entwicklungen wenig beitragen.

Erkenntnis und Anerkenntnis, Bedauern, Bereitschaft zu Wiedergutmachung falls möglich sowie der Wille zur Besserung sind auch Elemente der Zusage von Vergebung im Verständnis der theologischen Tradition, auch wenn die Begriffe hierfür lauten: »Bekenntnis« (vor Gott und dem kirchlich als dessen Werkzeug bestellten Priester), »Reue«, »Buße« und »Vorsatz«. Trotz einer in vielen Familien noch erinnerten Erfahrung einer zeitbedingten Praxis und der Kritik der Reformatoren besteht der theologische Kern nicht in einem sakramentalen Automatismus der bedingungslosen Sünden-Aufhebung, sondern in der Zusage einer *Vergebung* aus der neuschöpfenden Kraft Gottes, sofern die Bedingungen auf Seiten dessen, der gefehlt hat, nämlich Übernahme der Verantwortung für das, was geschehen ist, aufrichtige Reue und der Wille zum Bessermachen vorhanden sind.

Die Annahme einer Entschuldigung, also Verzeihung, ist nur im unmittelbaren Verhältnis zwischen betroffenen Personen möglich. Letztlich bleibt sie aber immer ein Geschenk, auf das der Verursacher keinen Anspruch hat.

Eine Entschuldigung erwartet oder verlangt wird im politischen Bereich aber auch gegenüber der Öffentlichkeit, in der viele oder auch nur ein einzelner Repräsentant oder die Vorfahren in ihrem Verhalten und in ihren öffentlichen Meinungsäußerungen gegen gemeinsame Grundüberzeugungen verstoßen haben. Solche nachträglichen Eingeständnisse kommen vor allem nach Wechseln des politischen Regimes vor. Trotz Entschuldigung kann dann aber Vergebung nicht erlangt werden, weil es keine Instanz gibt, die berechtigt wäre, diese im Namen der Opfer zu gewähren. Gleichwohl sind das demütige und reuevolle Eingeständnis des eigenen Fehlverhaltens und die aufrichtige Bitte um Entschuldigung die Bedingungen für die Kooperation seitens der Nachfahren der Geschädigten.

Die *Entschuldigungen für kollektive Verbrechen in der Vergangenheit* sind gleichwohl mehr als bloße Demutsrituale. Vielmehr machen erst sie in verfahrenen Situationen und öffentlich etablierten Konflikten einen Neustart der Beziehungen möglich. Wie die Bitte um Vergebung unernst und oberflächlich sein kann, kann auch die Erklärung, zugefügte Leiden und Kränkungen nicht weiter verfolgen zu wollen, bloß taktisch und vorgespielt sein.

Glück wünschen und am Leid teilnehmen

Anlässe gibt es zahllose, anderen Glück zu wünschen: Geburtstage, Hochzeiten, Prüfungen, die Geburt eines Kindes, der Antritt einer neuen Stelle, der Jahreswechsel, Jubiläen... Alles Ereignisse, die zum Alltag gehören und häufiger geschehen, aber für die Betroffenen selbst doch wichtige Höhepunkte sind und Zäsuren, wo erlebnismäßig ein neuer Abschnitt beginnt. Der zu diesem Anlass ausgesprochene Glückwunsch der Anderen ist eine Form des Anteilnehmens, die zwar von außerhalb des Adressaten kommt, aber doch meist aus dem Inneren dessen, der sie darbringt. Oft wird

IV. Selbstverständliche Erwartungen mit moralischer Tiefendimension

dieser Ursprung im Inneren noch einmal dadurch unterstrichen, dass das eigene Herz, also das verbreitete Symbol für das Zentrum der Person,[60] als Herkunftsort erwähnt wird.

Das Glück, das gewünscht wird, wird häufig noch näher spezifiziert als: Gesundheit, als Erfolg, als gutes Gelingen des eben Begonnenen, als Zufriedenheit usw. Oft ist »*Glück*« aber auch »nur« die Formel, in die alles, was dem Beglückwünschten an Gutem gewünscht wird, »verpackt« ist.

Zur Semantik des Wortes »Glück« gehört aber auch, dass es sich dabei um etwas handelt, das weder der Machbarkeit noch der Kontrolle unterliegt, sondern, jedenfalls was die Zukunft betrifft, äußerst fragil ist. Dieses Moment der Unverfügbarkeit tritt manchmal dadurch sichtbarer in Erscheinung, dass den Glückwünschen Segenswünsche beigefügt werden. »Segen« ist ein Begriff aus dem religiösen Feld und spricht den Segen Gottes performativ zu. Während »Glück« immer auch mit Zufall, Willkür und Zerbrechlichkeit konnotiert ist, beinhaltet »Segen« die Empfehlung an eine wohlmeinende höhere Macht und die Hoffnung auf deren »Vorsehung«, in der alles – Gelingen und Misslingen, Gesundheit und Krankheit, das Nachvollziehbare und auch das Nichtverstehbare – Platz und Sinn hat.

Dem Glückwünschen entspricht am anderen Ende des Gefühlsspektrums das Übermitteln des sogenannten »*Beileids*«, wenn Menschen, die zur eigenen Lebenswelt gehören, einen Angehörigen, der ihnen etwas bedeutet hat, verloren haben. Zum Ausdruck gebracht wird ihnen damit vor allem, dass einem ihr Empfinden des Verlusts und ihre Trauer »angehen«, also nicht gleichgültig sind, sondern berühren. Und ferner, dass man ihnen die Kraft wünscht, das Erlittene zu verwinden, mit der Zeit jedenfalls. Für viele Trauernde wirkt das ausgesprochene Beileid als Trost.

---

60 S. dazu Konrad Hilpert, Die Macht des Herzens. Interferenzen von Organbenennung, Ortsangabe und Sinnbildlichkeit, in: Münchener Theologische Zeitschrift 65 (2014), 37–54.

Glückwünschen und Beileidsbekundungen sind nicht nur rhetorische Floskeln und formale Gesten. Das zeigt sich auch daran, dass die ausgedrückte Anteilnahme viele Grade und Weisen kennt, wie sie über das Rhetorische hinaus symbolische und praktische Gestalt annehmen kann. Die gängigsten Formen, Glückwünsche und Beileid *symbolisch zu unterstreichen* und sich selbst als Person zu engagieren, sind zum einen Geschenke und Blumen und zum anderen die eigene Teilnahme am rituellen Begehen des Anlasses, also ein Besuch mit ausführlichem Gespräch oder die aktive Teilnahme an der Feier. Ein wichtiger Bestandteil solcher Feiern ist in der Regel ein gemeinsames Essen, aber weniger mit dem Ziel der Sättigung, sondern als Realsymbol einer Gemeinschaft, die um die Anlass gebende Person unsichtbar entstanden ist.

Das Anteilnehmen kann sich auch weiterentwickeln oder »verlängern« in *Akte praktischer Solidarität*. Auch diese kennt zahlreiche Formen und Intensitäten; sie beginnen mit dem aufmerksamen Zu- und Anhören, gehen weiter über die Weitergabe hilfreicher Informationen und das anhaltende Interesse an den betreffenden Personen und reichen bis zu pragmatischen Hilfen bei der Abwicklung bürokratischer Erfordernisse und bei der Neuordnung des durch Heirat, ein Kind, Alter oder Verlust plötzlich veränderten Lebensalltags.

All das sind Reaktionen von individuellen Personen auf einschneidende Höhepunkte, Einschnitte und Lebens-Wenden, die auch zum Alltag gehören, auch wenn sie von den unmittelbar davon Betroffenen als außergewöhnlich und vielleicht verunsichernd erlebt werden. Auch die jeweilige Anteilnahme der Anderen ist stark persönlich gefärbt. Glückwünsche und Beileidsbekundungen wirken deshalb förmlich-hohl oder sogar klischeehaft-kitschig, wenn sie auf allgemeine Musterformulare zurückgreifen oder literarische Vorbilder kopieren. Der Adressat will die echte Person dahinter spüren. Trotzdem sind sie auch kulturell nahegelegt und vorgeformt. Bei subjektiv bedeutsamen Anlässen wie den genannten zu gratulieren bzw. zu kondolieren, und zwar gerade in der angedeuteten persönlichen Färbung und in der Intensität, die der spezifischen Vertrautheit mit dem Adressaten angemessen ist, gehört mit anderen Worten gerade zu dem, »was sich gehört« und was im Alltag voneinander erwartet wird.

Erinnerung und Gedenken

Menschen leben nicht nur im Jetzt und im Blick auf den nächsten Tag. Sie tragen immer auch Erinnerungen mit sich herum, weil eben auch das Heute ein Glied und bestenfalls ein kurzer Abschnitt in der spezifischen Lebensgeschichte ist, die jeder individuell absolviert (nicht einfach: hinter sich gebracht) hat und deren aktuelles Resultat er oder sie ist.

Woran und vor allem an wen wir uns erinnern und was man umgekehrt vergisst, liegt im Alltag meistens außerhalb unseres Wollens, geschieht also latent-unbemerkt und bleibt dem Zufall überlassen.

Aber es gibt neben dem zufälligen auch das beabsichtigte Sich-Erinnern an eindrückliche, also mit starken Gefühlen verbundene Situationen und Erlebnisse. Und es gibt das gesuchte oder auch zugelassene Sich-Erinnern an Personen, die für die eigene Biografie von Bedeutung waren, was man vielleicht erst im Nachhinein erkannt hat: an die Eltern; an die Geschwister; an den einen oder anderen Lehrer, der Begeisterung wecken konnte oder der sich gekümmert und einem die Sicherheit gegeben hat, dass man etwas kann; an Frauen und Männer, die etwas von Kunst verstanden und einem die Augen oder die Ohren geöffnet haben für die Schönheit von Farben, Klängen, Gemälden und Skulpturen, von Architektur und Kompositionen; an Freunde und Freundinnen, mit denen man »Pferde stehlen konnte« oder mit denen man auch in Phasen, wo man sich einsam gefühlt hat, »alles« besprechen konnte; an junge Erwachsene in Jugendgruppen, Kirchengemeinden oder Vereinen, die einem Zeit und Vertrauen geschenkt und einem etwas zugetraut haben...

Mit zunehmendem Alter sind viele dieser Personen nicht mehr erreichbar oder auch nicht mehr am Leben. Dafür treten immer wieder neue Leute in das eigene Umfeld und werden Bestandteile des eigenen Alltags. Mit den Menschen, die aus unserem Blick geraten sind – durch Wegzug, berufliche Neuorientierung, Krankheit, Unfall oder Tod – können wir immerhin in gewisser Verbindung bleiben, oft sogar einseitig, durch Erinnerungen und An-sie-Denken.

Absichtsvolles Sich-Erinnern kann im Rahmen des Erzählens von Geschichten zur Unterhaltung anderer oder auch zur stolzen Darstellung dienen, wie man es selbst in einer Situation, die der ähnlich ist, in der ein Zuhörer gerade steckt, gemacht hat oder was einem da besonders geholfen hat. Absichtsvolles Erinnern kann aber wie gesagt auch bezwecken, mit Anderen, die einem unerreichbar geworden sind, verbunden zu bleiben. Das Sich-Erinnern ist dann Ausdruck des Wissens, dass wir vieles von dem, was uns ausmacht und was wir sind, diesen Anderen verdanken.

Damit die Erinnerung auch dann wach bleibt, wenn die unmittelbare Betroffenheit des Erlebens oder eines Verlustes sich verflüchtigt hat, kennt jede Kultur und Zeit *besondere Orte, Riten und Strategien*, die Erinnerung in Gang setzen und zum Element der Alltagswelt werden lassen. Dazu gehören insbesondere Grabstätten von Familien auf sogenannten Friedhöfen, die Pflege der Gräber mit Blumen und Sträuchern und das regelmäßige Begehen dieser Orte (auch an bestimmten Tagen, die im Brauchtum fest verankert sind, wie Heiligabend, Ostern und Allerheiligen/Allerseelen). Fotoalben, selbst gedrehte Filme, autobiografische Texte und mündliche Anekdoten werden von vielen Menschen angelegt und liebevoll ausgestaltet, um Erinnerungen an Feste und Angehörige später, wenn man sie aufrufen möchte, zur Verfügung zu haben. Verbreitet sind auch Anstöße zum Erinnern und Aufmerksam-Machen auf Menschen, mit denen man sich über ihren Tod hinaus dankbar verbunden fühlt, in der Weise, dass in der Wohnung an zentraler Stelle Porträt-Fotos platziert oder Totenzettel in viel benutzte Bücher eingelegt werden. Auch ein nachgelassenes

IV. Selbstverständliche Erwartungen mit moralischer Tiefendimension

Erbstück, ein Schmuckstück, ein mit feierlichen Worten zu Lebzeiten dediziertes Bild an der Wand, ein besonders geschätztes Buch und Ähnliches mehr mag als Einladung zu gelegentlichem Andenken beabsichtigt worden sein bzw. als solches verstanden werden.

Ein mehrfach vollzogenes Sich-Erinnern ist nicht bloßes Wieder-Holen abgespeicherter Bilder und Ereignisse, sondern kann auch Veränderung in Gang setzen in der Weise, dass am Bild einer erinnerten Person »gearbeitet« wird, es also ergänzt und zurechtgerückt wird, indem die eigene Beziehung zu ihr neu reflektiert wird und so mit der fortschreitenden Zeit ein besseres Verständnis entsteht, weshalb jemand so und so war und in bestimmten Situationen so gehandelt hat, wie er oder sie gehandelt hat. So verstehen Kinder ihre Eltern im Abstand vieler Jahre oft besser, wenn sie selbst Kinder haben und in der Verantwortung stehen, sie zu selbständigen und tüchtigen Mitgliedern der Gesellschaft zu erziehen.

Zur Alltäglichkeit des Alltags gehört aber auch, dass wir nicht nur ganz persönliche Erinnerungen an Personen, die unsere Lebenswege begleitet oder gekreuzt haben, besitzen und diese bei Gelegenheit pflegen können, sondern dass wir alle zugleich immer auch Mitglieder von größeren *Erinnerungsgemeinschaften* sind, ob wir dies wollen oder nicht. Sie sind Bestandteil unserer Identität und werden durch die gemeinsame Sprache, durch Traditionen von klein auf (Liedgut, Märchen und Sagen, beliebte Kinderbücher usw.), durch religiöse und lokale Gemeinschaften, durch eine gemeinsame Geschichte und Kultur konstituiert, weitergegeben und am Leben erhalten. Der Umgang damit ist nicht nur Sache der Politprofis und einer wissenschaftlich forschenden Elite, sondern muss in einer demokratischen Gesellschaft auch eine Sache des Gedenkens der Vielen sein, Gelegenheiten zur Information wahrzunehmen, zu feiern und dem Anlass des kollektiven Gedenkens auch Raum zu geben.

Die sichtbarsten Formen, in denen solches kollektive Gedenken Gestalt annimmt und in den Alltag hineinreicht – als Aufforderung zur Affirmation oder auch als Provokation – sind *Denkmäler*, Gedenktage und öffentliche Debatten. Denkmäler stehen im öffentlichen Raum und sind so einerseits Zeugen für die Wertschätzung einer früheren Generation, mit der wir schicksalsmäßig verbunden sind und die sie errichtet und bezahlt hat. Andererseits erinnern sie an Ereignisse oder Personen der Vergangenheit inmitten des Heute. Mit dem wachsenden Abstand zu dem erinnerten Geschehen bekommt das Gedenken eine mehrfache Funktion.

Das zeigt sich mit großer Deutlichkeit an den Kriegerdenkmälern, die zuhauf an markanten Stellen im Kern der Ortschaften und Städte, auf Friedhöfen und in Kirchen zu sehen sind: Sie wurden errichtet zum gemeinsamen Gedenken an diejenigen, die durch einen gewaltsamen Tod in jungen Jahren aus der örtlichen Gemeinschaft herausgerissen wurden und schmerzliche Lücken hinterlassen haben. Ihr Tod wurde aufgeladen mit Sinn (es wird ja ausdrücklich vermerkt, »wofür« bzw. »für wen« sie ihr Leben lassen mussten), manchmal auch mit einem gewissen Stolz, dass einige der Unsrigen bei einem bestimmten weltgeschichtlich bedeutenden Ereignis dabei gewesen waren, und stets mit der Absicht, die hinterlassenen Trauernden zu trösten. Kriegerdenkmäler können im Kontext der Rückschau von heute aber auch die Sinnlosigkeit und den Skandal des Sterben-Müssens für eine staatliche Ideologie vor Augen führen, anschaulich durch die Menge der Namen und die Jugendlichkeit des Alters, durch die Uniformierung, durch die trotz der verschiedenen Ränge und Waffengattungen unterschiedslose Gleichheit in Tod, Sterben und Trauer. So werden das Verbleiben und die Sichtbarkeit dieser Denkmäler gleichsam unter der Hand zum Mahnmal für neue Generationen, die in Wohlstand und Sicherheit aufwachsen durften und die das manchmal nicht wirklich wertschätzen, dass sie ohne Krieg ihr Leben und ihren Alltag gestalten und erleben dürfen.

Kollektive *Gedenktage* haben es heutzutage schwer, ihren Inhalt deutlich zu machen, weil sie von den meisten als Gelegen-

IV. Selbstverständliche Erwartungen mit moralischer Tiefendimension

heiten zu erweiterter Freizeit genommen und genutzt werden. Dadurch wird aber ihr eigentlicher Sinn – Innehalten in den routinierten Abläufen; Gedenken an die, die mit ihrem Einsatz die gegenwärtige Freiheit möglich gemacht haben; Dankbarkeit, dass die Geschichte diesen Verlauf genommen hat – verdeckt. Trotzdem bieten sie Parlamenten und anderen Staatsorganen ebenso wie den Medien vielfältige Möglichkeiten, die Ereignisse, zu deren Gedenken der jeweilige Gedenktag eingerichtet wurde, in Wort und Bild zu vergegenwärtigen, bisher noch unbekannte Quellen und Aspekte zu recherchieren und natürlich auch: Bezüge zur Gegenwart herzustellen.

Schließlich sind Denkmäler und Gedenktage immer wieder auch Auslöser für heftige *öffentliche Debatten*, die von engagierten Bürgern, Initiativen und beigezogenen Fachleuten ausgetragen werden. Dabei geht es meistens um die Gedenkwürdigkeit des Anlasses oder der beteiligten Akteure oder um die Deutung der Ereignisse. Bisherige Sichtweisen werden überprüft, lange Verdrängtes oder Vergessenes bewusst gemacht. Manchmal enden solche Debatten mit Differenzierungen und hinzugefügten Ergänzungen, manchmal aber auch mit Distanzierungen oder sogar mit dem Sturz des Denkmals.

Das liegt nicht nur an neuen Erkenntnissen, sondern auch daran, dass sich die Funktion des kollektiven Gedenkens nach den großen humanitären Katastrophen des 20. Jahrhunderts verschoben hat: Es dient nämlich nicht mehr nur der Affirmation eigener nationaler Größe, sondern auch der Sichtbarmachung von gemeinsamem Versagen und der Konfrontation mit Schuld der Vergangenheit. So gut wie alle offiziellen Gedenktage in Deutschland haben diesen Doppelcharakter von Feier und Bewunderung einerseits und von Beendigung(sversuch) einer katastrophalen Entwicklung, in die ein Großteil der Bevölkerung durch Nationalität, Mentalität, Desinteresse, Feigheit und Bequemlichkeit involviert war:

Erinnerung und Gedenken

- »der Tag des Gedenkens an die Opfer des Nationalsozialismus« (27. Januar) findet am Jahrestag der Befreiung des Konzentrationslagers Auschwitz statt,
- »der Nationale Gedenktag für die Opfer terroristischer Gewalt« (11. März); der Termin übernimmt den Europäischen Gedenktag, der nach den Bombenanschlägen in Madrid am 11.03.2004 eingerichtet wurde;
- »der Tag der Befreiung« (9. Mai); das ist das Datum, an dem Hitler-Deutschland bedingungslos kapituliert hat und damit den 2. Weltkrieg beendet hat;
- »der Nationale Gedenktag des deutschen Volkes« (17. Juni) wurde zur Erinnerung an den gescheiterten Volksaufstand in Berlin und in der DDR eingerichtet;
- »der Gedenktag für die Opfer von Flucht und Vertreibung« (20. Juni); der Termin ist eine Adaption des Weltflüchtlingstags für die deutschen Heimatvertriebenen und die weltweiten Opfer von Flucht und Vertreibung;
- »der 20 Juli« dient »zum Gedenken an den [ebenfalls gescheiterten] Widerstand gegen die nationalsozialistische Gewaltherrschaft«;
- »der Tag der deutschen Einheit« (3. Oktober); das Datum ist der Jahrestag des Beitritts und damit das Ende der DDR;
- »der 9. November«; mit diesem Datum verbindet sich die Erinnerung an das Ende des deutschen Kaiserreichs und die Ausrufung der Republik 1918, an den erfolglosen Versuch Hitlers in München, sich 1923 an die Macht zu putschen, an die Reichspogromnacht von 1938 und an die Öffnung der Mauer zwischen den beiden deutschen Staaten 1989, so dass dieser Tag manchmal auch der »Schicksalstag der Deutschen« genannt wird;
- »der Volkstrauertag« (am zweitletzten Sonntag vor dem 1. Advent) dient dem Gedenken an die Opfer von Krieg und Gewaltherrschaft (ursprünglich: an die Opfer der Weltkriege bzw. des 1. Weltkriegs).

IV. Selbstverständliche Erwartungen mit moralischer Tiefendimension

Damit enthalten diese Gedenktage selbst eine beträchtliche innere Spannung. Sie können von den Vielen im Alltag als stille Appelle genommen werden, das »Nie wieder« erneut zu bekräftigen und sich bewusst zu machen, was das Leben in einem demokratischen System bedeutet und dafür dankbar zu sein. Es wird allerdings immer wieder auch solche geben, die der Hinweis auf Versagen und Schuld beim Gedenken stört und die lieber einen »Schlussstrich« gezogen haben würden.

Die Ehrlichkeit im Umgang mit der Vergangenheit – der gelungenen und begrüßenswerten wie auch der fragwürdigen und missglückten – gehört infolgedessen mit zum kollektiven Gedenken. Das ist aber nicht nur die Aufgabe der Politik und ihrer Verantwortlichen (*»Vergangenheits-Politik«*), sondern auch die der »normalen« Bürger und ihrer Kommunikation im Alltag. Kollektives Gedenken sollte ein Anliegen aller sein, weil die Vergangenheit, aus der wir alle kommen, nicht nur vergessen, sondern auch geleugnet, verdrängt, gefiltert und verfälscht werden kann. Auch wenn nicht von jedem erwartet werden kann, dass er selbst eine aktive Rolle in diesem Prozess des Gedenkens übernimmt, darf man erwarten, dass er billigt und zulässt, dass die Erinnerungen das Gewesene und Weiterwirkende lebendig erhalten. Denn das Schief-Gelaufene, Zerstörerische, Menschen-Feindliche, die Erniedrigungen und Bosheiten in der eigenen nationalen und kulturellen und auch religiösen Erinnerungsgemeinschaft darf den heute lebenden Nachfahren der früheren Generationen ebenso wenig egal sein wie die zahllosen Menschen, die durch Angehörige früherer Generationen und im Namen des Volkes getötet, vernichtet, geknechtet, ausgebeutet, vertrieben, missbraucht oder dem Hunger ausgeliefert wurden. Die einzige Chance, dass ihr Leben und ihr Opfer nicht umsonst waren, ist das Überdauern der Erinnerung an sie und an den Angriff auf die Menschlichkeit. Der israelische Philosoph Avishai Margalit spricht sogar ausdrücklich von einer »Ethik der Erinnerung«.[61] Man könnte auch bescheidener und mit Blick auf das Alltagsleben vom Gedenken als einer moralischen Aufgabe für alle sprechen.

In der jüdischen und in der christlichen Tradition ist das Gedenken auch ein wichtiges Moment des Trostes und der Zuversicht in Phasen der Bedrängnis. Während oder nach dem Babylonischen Exil fand es beim Propheten Jesaja Ausdruck in dem Bild, dass der Name jedes Menschen in Gottes Hand geschrieben ist (Jes 49,16). Ein bewegendes Zeugnis für diese Überzeugung findet sich heute in der Pinkas-Synagoge in der Prager Josephsstadt. Dort sind alle Wände mit den Namen der Juden aus Böhmen und Mähren, die der nationalsozialistischen Verfolgung zum Opfer gefallen sind, verzeichnet, insgesamt fast 78 Tausend.[62]

Vertrauen und Umgang mit Konflikten

Alltagsmoral ist eine Summe von Anstrengungen, die von den Einzelnen erbracht werden müssen. Dabei geht es weniger um bewusstes und konsistentes Entscheiden in einzelnen Situationen denn um die andauernd gelebte Umsetzung von Idealen, die die Einzelnen sich angeeignet haben, vermittelt bzw. erlernt in Beziehungen, in die diese Einzelnen hineingeboren wurden und die als bestimmte Erwartungen schon seit frühester Kindheit an sie herangetragen wurden. Die Menschen sind aufgrund ihrer Sozialisation und ihrer Erziehung mit bestimmten Situationen vertraut und »wissen, ganz ohne nachzudenken, was von (ihnen) erwartet wird – die andere Seite (also die soziale Umgebung) ebenso«[63].

---

61 Avishai Margalit, Ethik der Erinnerung. Max Horkheimer Vorlesungen, Frankfurt a. M. 2000.
62 Detlev Arens, Prag. Kultur und Geschichte der ´Goldenen Stadt`, Ostfildern ³2005, 239.
63 Arist von Schlippe, Das Karussell der Empörung. Konflikteskalation verstehen und begrenzen, Göttingen 2022, 40.

IV. Selbstverständliche Erwartungen mit moralischer Tiefendimension

Infolgedessen ist der Alltag durchwirkt von einem hohen Maß an Stabilität und Verlässlichkeit: Bei der Morgentoilette gehen wir davon aus, dass aus der Leitung genügend Wasser fließt, und dass dieses Wasser, auch wenn wir es nicht eigens geprüft haben, frei von Stoffen ist, die unsere Haut verätzen könnten. Wir gehen weiterhin und ebenfalls ohne vorhergehende Prüfung davon aus, dass die Lebensmittel, die wir zum Frühstück verspeisen, nicht vergiftet sind. Und dass der Bus, der uns zur Schule oder zur Arbeit bringen soll, verkehrstüchtig ist, pünktlich vorfährt und wartet, bis wir eingestiegen sind, auch wenn wir den Fahrer bzw. die Fahrerin bisher nicht persönlich kennengelernt und uns von ihren Qualitäten ein Bild gemacht haben und uns seines/ihres Wohlwollens versichern konnten. Wir vertrauen einfach darauf, dass die Beförderung funktioniert und für den Fall einer Panne oder einer Straßensperrung oder eines krankheitsbedingten Ausfalls des Fahrers Ersatzmöglichkeiten vorgehalten werden.

Das sind nur banale Beispiele dafür, dass der Alltag nur »funktioniert«, weil wir unentwegt Vertrauen gewähren, Systemen der Versorgung mit Nahrung und Energie, der Abwehr gesundheitlicher Risiken, der Mobilität usw. sowie den zahlreichen Menschen, die diese Systeme am Laufen halten, sie bedienen und kontrollieren, ohne dass wir sie im Einzelnen näher kennen würden.

Wie an diesen Situationen exemplarisch sichtbar wird, spielt sich die Existenz jedes Einzelnen in sozialen Interaktionen und Kooperationen ab, die ihrerseits durch Strukturen und Systeme geformt und koordiniert sind. Das alles verläuft, soweit es die alltäglichen Abläufe und ihre serielle Einbettung in Partnerschaften und Familienbande, Nachbarschaften, Erziehungseinrichtungen und Schulgemeinschaften, in Betriebe und Unternehmen mit großer Belegschaft betrifft, ziemlich geräuschlos. Erst wenn allgemein geteilte Normen des Anstands, des Respekts und erst recht des Rechts verletzt werden oder wenn die hergestellten Produkte oder Dienstleistungen hinter der erwartbaren Menge oder Qualität zurückbleiben, entstehen Enttäuschung und Konflikte.

Vertrauen und Umgang mit Konflikten

Auch wenn man im Einzelnen viel tun kann, damit Konflikte gar nicht erst entstehen bzw. eine verheerende Dynamik bekommen, ist die Möglichkeit dazu latent stets vorhanden. Konflikte, auch wenn sie konkret oft stören und psychische Energie kosten (»nerven«), gibt es im Alltag immer wieder und in den unterschiedlichsten Schattierungen und bei den verschiedensten Anlässen. Ob es der Nachbar ist, der mit seiner Musik bei geöffnetem Fenster eine Vielzahl von Wohnungen beschallt, ein Unbekannter, der einem die Einfahrt zugeparkt hat, ein Schüler, der stets zu spät kommt, ein Mitbewohner, der mit seinen Schuhen das frisch geputzte Treppenhaus verschmutzt, oder der Kunde vor uns, der offensichtlich viel Zeit hat und die Verkäuferin mit seinen Fragen aufhält, während sich hinter ihm bereits eine lange Schlange gebildet hat ... Insofern gehören Konflikte selbst zur Alltagswelt.

Für das *Verhalten in Konflikten* gibt es Alltags-Empfehlungen, die auf Erfahrungen beruhen. Eine davon lautet, dass das vermeintliche Unrecht von dem, der sich beschwert, möglichst präzise benannt werden sollte. Das ist eine Maßnahme gegen das »Wabern« von Vorwürfen, wie es für »Gerüchte« typisch ist und aus Beschwerden unter der Hand Verdächtigungen gegen bestimmte Personen werden lässt. Eine andere Empfehlung zum Umgang mit Konflikten legt nahe, eine »Lösung« zuerst »unter vier Augen« zu suchen, also unmittelbar zwischen den Beteiligten. Sie gründet auf der Beobachtung, dass die Einschaltung Dritter oder gar der Öffentlichkeit den Konflikt verschärft und verhärtet, weil hier viel mehr Menschen am Konflikt beteiligt werden und das Tor für Interessen, die mit dem ursprünglichen Streitpunkt nichts zu tun haben (Aufmerksamkeit für eine bestimmte Person, Schadenfreude, das Ausdrücken von Sympathie bzw. Antipathie usw.) öffnen können. In freien Gesellschaften passiert es häufiger, dass Grenzen der an und für sich geschützten Privatsphäre unter Berufung auf ein höheres Interesse der Öffentlichkeit durchbrochen werden, in Privatangelegenheiten prominenter Personen durch Skandalreporter, im politischen Streit durch »Durchste-

IV. Selbstverständliche Erwartungen mit moralischer Tiefendimension

chen«. Wer so handelt, nimmt wissentlich in Kauf, dass davon irgendwie betroffene Konflikte sich verschärfen oder nur um den Preis der Beschädigung einer oder beider Seiten beendet werden können. Der Volksmund kennt hierfür das Bild vom »Gesicht verlieren«. »Versöhnung« ist dann nicht nur erschwert, sondern meist unmöglich. Wenn Konflikte ausgetragen werden sollen, ohne dass das gute Einvernehmen im Kleinen oder das gütliche Zusammenleben im Größeren bedroht sein soll, sollte – auch dies eine Alltags-Weisheit – das Vorgehen und Bemühen um eine Verständigung gestuft erfolgen und nicht gleich aufs Ganze gehen. Diese alltagsmoralische Empfehlung hat übrigens eine gewisse Parallele im Recht, in dem es den Grundsatz der Unschuldsvermutung gibt und jemand erst nach erwiesener Schuld als Täter bezeichnet werden darf. In aufgeregten Zeiten ist das manchmal schwer zu ertragen.[64]

Konflikte sind nicht nur die Folge enttäuschter Erwartungen, sondern sind unter Umständen schon angelegt in gegensätzlichen Interessen, in divergierenden Ansichten und im unterschiedlichen Verständnis ein und derselben Situation. Und nicht zuletzt hängen sie auch mit den ganz verschiedenen Arten, mit konfliktären Konstellationen umzugehen, zusammen. Die Protagonisten eines Konflikts – seien sie einzelne Personen oder auch Gruppen von Personen – können zum Beispiel alles daran setzen, bestimmte Punkte des Konflikts durch Verhandlungen »auszuräumen«, Nachteile oder Interessen der Parteien »auszugleichen«, Kompromisslösungen zu finden, bei denen keine Seite »ihr Gesicht verliert«, also am Ende als Verlierer dasteht, aber sich auch um eines höheren Gutes willen (z.B. um des Friedens in einer Familie

---

[64] Ein gestuftes Vorgehen bei konfliktären Differenzen empfiehlt auch die sog. Gemeinderegel in Mt 18, 15–17. Sie geht davon aus, dass Konflikte zur Realität des Zusammenlebens gehören. Das Christliche besteht nicht darin, diese Konflikte nicht zuzulassen oder »unter den Teppich zu kehren«, sondern damit nicht gleich an die Öffentlichkeit oder zu den Autoritäten zu gehen, sondern zuerst zu versuchen, sie unter den unmittelbar Betroffenen zu klären.

willen oder um eine bislang sehr erfolgreiche Kooperation auch in Zukunft fortsetzen zu können) zu einem großherzigen Schritt in Richtung Gegenseite entschließen.

Aber die Parteien können den Streit natürlich auch *eskalieren*, indem sie ihn, was ja auch häufig passiert, mit persönlichen Beleidigungen, Unterstellungen und Kränkungen verknüpfen oder generalisierende Aussagen erheben (Vorwürfe mit »immer«- oder »nie«-Formulierungen), die sich, einmal ausgesprochen, nicht mehr ungesagt machen lassen.

Jeder und jede dürfte aus der eigenen Lebenserfahrung derartige typische Formen kennen, wie Konflikte, die vielleicht zu Anfang noch harmlos und in der Rückschau leicht behebbar erschienen, an Fahrt aufgenommen, sich verhärtet und am Ende Beziehungen nachhaltig beschädigt oder sogar zerstört haben. Zu diesen typischen Formen gehören:

- die Personalisierung von Konflikten (hierbei wird ein Konflikt, der in der Sache oder in der Zuständigkeit besteht, im Persönlichen verortet, so dass es schnell vor allem um Animositäten, Antipathien, Neid und Gefühlslagen geht);
- Einseitigkeit in der Wahrnehmung (mit der unbemerkten Tendenz, den eigenen Anteil an einem Konflikt kleinzureden bzw. zu entschuldigen. Als Ursprung und Motor des Konflikts gilt einem die Gegen»partei«);
- Unterstellung von schlechten Absichten (Positionen, die von der Gegenseite vertreten werden, sowie negative Verhaltensweisen während des Konflikts werden aus der Persönlichkeit oder aus feindseligen Absichten erklärt, die, wenn sie einmal unterstellt sind, kaum eine Chance haben, widerlegt zu werden); schließlich auch
- das Vorweg-Bestehen einer festen Meinung über den Konflikt-Gegner (eine solche vorgefasste Meinung verhindert in aller Regel, dass Aussagen und Einwände dieses Gegners angemessen gewürdigt werden). In der Psychologie ist das Phänomen, nur die Informationen gelten zu lassen, die die eigene Sicht

IV. Selbstverständliche Erwartungen mit moralischer Tiefendimension

bzw. das eigene Bild von einer bestimmten Person bestätigen, und alle anderen zu ignorieren oder wenigstens in ihrer Relevanz abzuschwächen, unter dem Fachbegriff »kognitive Dissonanz« bekannt.

Typus	Personalisierung	Einseitigkeit der Wahrnehmung	Unterstellung von Motiven	vorweg feststehende Meinung
Erklärung	Sach- bzw. Zuständigkeitskonflikt wird überlagert durch Fixierung auf den Charakter oder bestimmte Eigenschaften des »Gegenübers«	Ursprung und Interesse am Konflikt werden beim Gegner gesucht; eigene Anteile werden kleingeredet	Rückführung von positivem und negativem Verhalten auf fragwürdige Eigenschaften oder unterstellte Absichten einer Persönlichkeit	ausschließliches oder vornehmliches Geltenlassen der bestätigenden Informationen; Ausblenden bzw. Entwerten »störender« Informationen
Merkmale	Polemik, unsachliche Bemerkungen, emotionale Aufgeladenheit	Verzerrungen, schwarz-weiß-Gegensatz; was die Gegenseite von sich gibt, ist komplett falsch Polarisierung	Verdächtigungen; unlautere und schädigende Absichten	vorgefasstes Bild und vorgefasste Meinungen

Abb. 4: Auswahl typischer Mechanismen der Verhärtung und Verschärfung von Konflikten

Dieses Phänomen der kognitiven Dissonanz wie auch die anderen hier kurz charakterisierten Konfliktmechanismen sowie deren Wirksamkeit sind vielfach untersucht und als Suchstrategien für Störungen der Kommunikation und deren Hartnäckigkeit beschrieben worden.[65]

Diese Mechanismen zu kennen und bei beobachteten oder selbst erlebten Konflikten frühzeitig und immer wieder durch

---

65 Eine gute allgemeinverständliche Darstellung dazu findet sich in von Schlippe, Karussell, 119–131.

eine Geste der Wertschätzung an die Adresse der Gegenpartei oder durch die Relativierung des eigenen Standpunktes bzw. durch einen kleinen Schritt des Zugehens auf den Anderen zu Interesse an der Verbesserung einer »Beziehung« zu signalisieren, sind konstruktive Möglichkeiten, die Dynamik von Konflikten positiv zu beeinflussen. Muster des Misstrauens können durch einseitige und noch so kleine Vertrauensangebote durchbrochen werden. Hier setzt dann auch professionelle Mediation an.[66]

Wenn Konflikte einfach weiterschwelen gelassen werden, also nichts unternommen wird, um sie zu lösen oder wenigstens einzudämmen, nimmt ihre Giftigkeit häufig auch dadurch zu, dass starke Emotionen zugelassen und damit verknüpft werden. Diese setzen ihrerseits dann gern Wellen neuer Vermutungen und generalisierender Spekulationen in Gang, die eine Verständigung immer schwieriger und unwahrscheinlicher machen, weil der »Preis« für eine solche – nämlich Verzicht auf wenigstens einen Teil der eigenen Position, das Zurückstecken von eigener Ehre, die Relativierung des zuvor in die Auseinandersetzung geworfenen Ichs mitsamt seiner Lebenserfahrung usw. – immer weiter in die Höhe getrieben wird und irgendwann niemand mehr weiß, wie man davon wieder herunterkommen kann, und zwar ohne Niederlage.[67] Vielleicht entspricht die Intention, den Teufelskreis der Eskalation zu durchbrechen, in etwa dem, was Aristoteles und die Denker auf seinen Spuren mit »Besonnenheit« gemeint haben.[68] Die zielt ja nicht darauf, die sinnliche Lebensfreude zu vergällen, sondern will die Emotionalität so mäßigen, dass jemand sein Leben in Übereinstimmung mit sich selbst und mit

---

66 Näheres dazu bei von Schlippe, Karussell, 126–128. S. auch dessen Hinweise auf hilfreiche Literatur ebd. 182f.
67 Vgl. dazu auch von Schlippe, Karussell, 139f., der von »kognitivem Gefängnis« spricht und in der Unumkehrbarkeit der verschärfenden »Veränderung« des Denkens den Boden für Gewalt als Fortsetzung des Konflikt-Austragens spricht.
68 S. dazu ausführlich etwa Eberhard Schockenhoff, Grundlegung der Ethik, Freiburg i. Br. 2007, 124–132.

dem Wohlwollen der Anderen führen kann. Und vielleicht besteht auch eine gewisse Entsprechung zu dem, was der Evangelist Matthäus in der sogenannten Bergpredigt mit der provozierenden Aufforderung Jesu, dem, der einem auf die linke Wange schlägt, auch – demonstrativ, also provokativ – die rechte hinzuhalten, zum Phänomen zwischenmenschlicher Konflikte im Sinn gehabt haben könnte.

Sparen und Spenden

Geld und Besitz spielen im Alltag in fast allen Lebensbereichen eine wichtige, um nicht zu sagen: eine Schlüsselrolle. Geld ist das Medium, für das sich Güter, die man benötigt für die tägliche Nahrung, für Wohnung und Kleidung, aber auch für mancherlei Dienstleistungen wie die Beförderung von A nach B oder eine zusätzliche Qualifizierung kaufen, das heißt: tauschen lassen. Geld lässt sich auch zurücklegen, weil es im Unterschied etwa zu Gemüse und Früchten, die innerhalb kurzer Zeit verderben, nicht »verfällt« und deshalb nicht sofort ausgegeben werden muss. Mit Geld lässt sich Macht ausüben, insofern andere davon abhängig sind. Geld kann auch zum Mittelpunkt des Denkens und Trachtens werden, wie die literarischen Figuren des Reichen wie auch des Geizigen illustrieren und die biblische Warnung vor dem Mammon und seiner Dynamik, unter der Hand zur Obsession zu werden, die alle anderen Sorgen überlagert und vergessen macht, im Blick zu behalten mahnt.

Geld kann aber auch dazu benutzt werden, um Gutes zu tun und bedrückende Verhältnisse zu verändern. Im Alltag lassen sich zwar die strukturellen Gegensätze zwischen Bedürftigen und Vermögenden nicht verschieben oder wenigstens so korrigieren, dass das Existenzminimum für alle gesichert und die Gleichheit der Chancen erreicht würde. Das ist Aufgabe einer vorausschauenden und klugen Sozialpolitik. Aber als aufmerksamer und nachdenklicher Bürger muss man seine Handlungsmöglichkeiten auch nicht einfach komplett an den »großen Leviathan« Staat abtreten. Eine uralte Weise, unmittelbar, spontan und umgehend und nur aus eigener Einsicht zugunsten der Verbesserung der Situation eines Anderen zu agieren, ist die Spende. In der gehobenen Sprache gibt es dafür auch den aus der antik-christlichen Tradition stammenden, aber heute meist mit pejorativem Beigeschmack verwendeten Begriff des Almosens.

Spenden ist Schenken aus freien Stücken. Gespendet werden kann in der modernen Gesellschaft vielerlei bzw. fast alles: Geld vor allem, aber auch freie Zeit, Aufmerksamkeit, berufliches Können, Lebensmittel, Gegenstände, die aufgrund veränderter Lebenslagen nicht mehr gebraucht werden (z.B. Kinderspielzeug, mit dem die groß gewordenen Kinder nicht mehr spielen), Kleidung, Medikamente, sogar Blut, Gewebe und Organe. Gelegenheiten dazu, auch organisierte und mit steuerlichen Anreizen verknüpfte, gibt es zahlreiche. Der ikonische Fall der direkten Konfrontation mit einem Bettler, der hungernd oder frierend an der eigenen Haustür klopft, ist längst zum Klischee verblasst und durch die medial vergegenwärtigte Vielfalt von Nöten ersetzt, die einerseits notleidende Personen in exemplarischer Eindringlichkeit in Szene setzen und andererseits eine bunte Palette von Hilfsbedürftigkeit und Unterstützungswürdigkeit anbieten, in der jeder etwas nach seinem Geschmack finden und es mit seiner Spende unterstützen kann. Die Beseitigung von Hunger und Mangelernährung ist dabei (leider) ein »Klassiker« geblieben; hinzugekommen sind aber längst neue Anliegen wie die Forschung für herzkranke Kinder, der Kampf gegen die Blindheit in Afrika, die soziale Arbeit mit Straßenkindern, der Denkmalschutz im eigenen Land, die Bewahrung von Insekten und einheimischen Singvögeln vor dem Aussterben, die Sorge für würdige Gräber für die gefallenen Soldaten der Weltkriege im Ausland, die Ausstattung der großen Hilfswerke für die immer wieder vorkommenden unvorhersehbaren Fälle eines Erdbebens, einer Überschwemmung, verheerender Waldbrände, Initiativen, die sich der Unterstützung und Begleitung von Betroffenen des Menschenhandels verschrie-

IV. Selbstverständliche Erwartungen mit moralischer Tiefendimension

ben haben und viele andere mehr. Dazu gibt es eine Menge privat gemanagter Projekte der Unterstützung von Unterricht, Krankenversorgung und Ernährung Bedürftiger (Tafeln).

Es gibt also für jede Person, die mit offenen Augen und Ohren ihr Leben führt, andauernd zig Gelegenheiten, etwas vom Eigenen für Andere, die es brauchen, abzugeben, auch und insbesondere wenn von vornherein klar ist, dass es eine Gegenleistung nicht geben wird und geben kann. Und auch die klassischen Bettler sind wieder ins Bild zurückgekehrt, dieses Mal in Gestalt von Geflüchteten aus den Armutsregionen vor allem Osteuropas, aber auch aus den Bürgerkriegsgebieten Syriens und Afghanistans in den Einkaufsstraßen der Innenstädte, wo der Gegensatz zum Luxus in den Schaufenstern einen förmlich anspringt. Dieser Kontrast kann bis ins Obszöne gesteigert werden, wenn man gedanklich den wahrgenommenen Hunger mit den Problemen korreliert, die es in der fortgeschrittenen Wohlstandsgesellschaft in Sachen Ernährung gibt (verbreitete Dickleibigkeit, aber auch Essstörungen, Zunahme von Diabetes und Herz-Kreislauf-Krankheiten, die Konjunktur von Diäten zum Abnehmen).

Dennoch muss jedem Spender klar sein, dass Spenden in den meisten Fällen nur ein vorläufiges, anfängliches, aber rasch wirkendes Mittel ist, um Not zu beseitigen. Spenden kann nicht die politischen Anstrengungen ersetzen, die strukturellen Ursachen der jeweiligen Not abzustellen. Werden entsprechende Anstrengungen auf Dauer verweigert oder für unnötig erklärt, kann das Spenden zum Alibi geraten und faktisch zur Verfestigung bestehenden Unrechts beitragen.

Wie die Spende ist auch das sogenannte *Trinkgeld* eine freiwillige (manchmal auch nur teilweise freiwillige, weil kulturell übliche und daher erwartete) Gabe an eine fremde Person. Anders als bei der Spende ist aber hierbei der Zweck der Gabe und auch der Kreis der Personen, die als Empfänger in Betracht kommen. Zweck ist nämlich nicht die Verbesserung einer wahrgenommenen Notlage, sondern die Belohnung einer Dienstleistung und/oder die Anerkennung für deren Qualität. Entsprechend besteht der Kreis derer, denen Trinkgeld üblicherweise gegeben wird, aus Angehörigen von Berufen, die einem bei der Ausübung ihrer Tätigkeit körperlich und persönlich ziemlich nahekommen, also Servicekräfte in Restaurants und Cafés, Frisöre und Zusteller, Masseure und Physiotherapeuten, Reinigungskräfte in der Toilettenanlage und Reiseführer u.a.m. Die Besonderheit ihrer Dienstleistungen besteht dabei zu einem wesentlichen Teil darin, Weisungen und Wünsche des Gastes entgegenzunehmen und penibel auszuführen. Die Relation zwischen dem Preis der Leistung und dem dazugegebenen Trinkgeld ist für den Empfänger auch ein Kriterium, an dem der die Großzügigkeit des Bedienten misst. Umgekehrt macht ein noch so großzügiges Trinkgeld schlechte Entlohnung oder ausbeuterische Arbeitsbedingungen nicht wett.

Bestritten werden können Spenden aus dem Ersparten – Geld, das für den akuten eigenen Lebensbedarf nicht gebraucht wird und deshalb zurückgelegt werden kann – etwa für größere Anschaffungen, die geplant sind, für schlechtere Zeiten, die vielleicht einmal kommen könnten, zur Erfüllung besonderer Wünsche oder zur Weitergabe an die eigenen Kinder. Das *Sparen* galt bis vor wenigen Generationen als Tugend von jedermann, zu der schon die Kinder angehalten und gelockt wurden. Von dem kargen Lohn auch noch der sogenannten kleinen Leute sollte regelmäßig ein kleiner Teil mittels strenger Disziplin vom Verbrauch ausgenommen und für eine spätere Verwendung oder Notfälle beiseitegelegt werden.[69] Sparsamkeit sollte seinerzeit nicht nur der Akkumulierung einer bescheidenen Reserve dienen, sondern zugleich der Disziplinierung von Ansprüchen und der Schonung wertvoller Ressourcen.

---

69 Zur Sparsamkeit als Tugend hat vor einigen Jahren Rudolf B. Hein mutig eine umfassende und erstaunlich aspektreiche moraltheologische Habilitationsschrift vorgelegt, die das Thema auch ethikgeschichtlich gründlich ausleuchtet. Zum Ort des Themas im heutigen Alltag s. etwa die Hinweise in der Einführung: Hein, Sparsamkeit. Tugendethik im oikonomischen Spektrum, Münster 2016,1–17.

IV. Selbstverständliche Erwartungen mit moralischer Tiefendimension

Insofern ist Sparsamkeit auch eine Haltung, die angesichts der gigantischen Verschwendung von Ressourcen und der Zerstörung von defekten Konsumgütern jeder Art heute ganz neue Aktualität gewinnt. Reparieren statt Wegwerfen und Recycling aller verbauten Rohstoffe sind aktuelle Trends, die diese Mentalität bestärken, aber in die Produktions- und Handelsabläufe noch viel stärker implementiert werden müssten.

Außerdem kann Sparsamkeit als Grundhaltung von Personen und als Gegenteil des Protzens und Buhlens um Prestige auch ein stilles, aber wirksames Statement in die Umgebung hinein sein.

Diese letzte Intention stimmt in vielem mit der Gegenüberstellung von »Haben« und »Sein« als den zwei grundlegenden Daseinsweisen überein, die durch weitverbreitete Schriften aus dem Umkreis der Existenz- bzw. der Sozialphilosophie des 20. Jahrhunderts[70] bekannt geworden ist. »Sein« steht hierbei für: Leben, Aktivität, Erneuerung, Produktivität, die Möglichkeit des qualitativen Wachsens von Personen, »Haben« hingegen für die Ich-Bindung an Dinge, Besitzen-Wollen und Ergreifen, Festhalten.[71] Im einen Fall geht es um die Orientierung des Daseins von den eigenen Potentialen und Stärken her, im anderen um das Streben nach Gegenständen, Gütern, Ideen und Werten, die man haben kann wie Waren.

---

70 Gabriel Marcel, Sein und Haben, Paderborn 1954, und unabhängig von ihm: Erich Fromm, Haben oder Sein. Die seelischen Grundlagen einer neuen Gesellschaft, München [38]2011. Fromm nennt im Vorwort seines Buchs auch das Werk des Psychologen Balthasar Staehelin, Haben und Sein, Zürich 1969. Die Alternative zwischen Haben und Sein gehört Fromm zufolge zum gemeinsamen Kern »der großen Meister des Lebens«, was er u.a. durch Zitate von Buddha, Jesus, Meister Eckhart und Karl Marx belegt. Das Gegensatzpaar von Sein und Haben kommt übrigens auch in der offiziellen Sozialverkündigung der katholischen Kirche vor, etwa in der Enzyklika *Centesimus annus* von Papst Johannes Paul II. aus dem Jahr 1991 (nr. 36) (vgl. aber auch schon *Populorum progressio* von Papst Paul VI. aus dem Jahr 1967 (nr. 19).
71 Vgl. Fromm, Haben oder Sein, 29–65.

Auch wenn die Konturen dieser zwei Existenzweisen unscharf sind, markieren sie als Gegensatzpaar mit kräftigem Strich zwei Grundhaltungen und Zielstrebungen, die für jede Erziehung, aber vielleicht noch mehr für jede Selbsterziehung – also im Alltag – hilfreiche Wegweiser für Orientierung und reflexive Selbstvergewisserung sein können. Sie prägen den Analysen Fromms zufolge alles Denken, Fühlen und Handeln der einzelnen Subjekte vom psychischen Inneren heraus. Als Leitorientierungen der Gesellschaft fördern sie einerseits einen produktiven Umgang mit der Wirklichkeit im Lieben, Arbeiten und vernunftgeleiteten Gestalten der Wirklichkeit und andererseits die auf Gewinn ausgerichtete Selbstbezogenheit in Verbindung mit Gleichgültigkeit gegenüber der sozialen und natürlichen Umwelt.

Zwischen Anpassung und Protest: Wechselwirkungen von alltagsmoralischem Mühen um das Selbst und politisch-sozialem System

Alltagsexistenz und Alltagsleben, damit aber auch das Gefordert-Sein durch Alltagsmoral spielen sich im Spannungsfeld zwischen dem Einzelnen mit seinem Wahrnehmen, Denken und Fühlen und dem Komplex des Sozialen ab, der sich wiederum zusammensetzt aus Beziehungen der Nähe und den Regeln und Strukturen verschiedener umfassenderen Institutionen und Systeme. Dieses ständige spannungsvolle Hin und Her wird vom Individuum gespürt, erlitten und auch im Inneren (Bewusstsein, Emotionen, Verstand) gestaltet und nach außen ausgedrückt und kommuniziert in Gestalt von körperlichen Gesten, gesprochenen Worten und von Verhalten.

Der größte Teil dieser Interaktionen verläuft wie von selbst, unauffällig und ohne besonderes Aufheben der beteiligten Akteure und ohne fokussierte Beobachtung. Die Alltäglichkeit ist in ihrer ständigen Wiederholung von Situationen und durch den Entlas-

IV. Selbstverständliche Erwartungen mit moralischer Tiefendimension

tungsgewinn aus Ritualisierung und Gewohnheiten ein Feld und zugleich ein Motor *stiller Anpassung*. Diese wird häufig verstärkt durch Lob, Anerkennung, Aussicht auf Belohnung, aber auch durch die Androhung von Sanktionen oder den Entzug von Sympathie. Eine bestätigende Funktion können hierbei auch die Medien spielen, insofern sie bestimmte Patterns für z.B. Lieben, Begehren und Intim-Sein verwenden. Die Meinungen der Anderen sind für den Einzelnen von erheblichem Belang. Bereits das Erlebnis, Teil einer großen Menge zu sein, die sich für einen Wert oder ein Programm begeistert, kann als wirksamer Verstärker wirken, weil hierbei Emotion eine wichtige Rolle spielt.[72] Werbung, Mode, Meinungstrends sind einige Beispiele, an denen die Anpassung von Meinungen, Einstellungen und Verhaltensweisen anschaulich ist.

Erst wenn Probleme auftreten und Erwartungen gestört oder tief sitzende Überzeugungen in Frage gestellt werden, wird durch spontane körperliche Reaktionen (Rötung des Gesichts, Tränenfluss u.ä.), durch Gestik und emotionsgesteuertes Gebaren und vor allem durch Worte des Widerspruchs oder gar des Protests sichtbar, was bis dahin wenig eine Rolle gespielt hat, nämlich das einzelne Individuum mit seinen Erwartungen, Intentionen, Emotionen und seinen Ansprüchen, das soziale Nahfeld und die Systeme, in die es eingebettet ist, so zu beeinflussen, dass sie ihm zuträglich und förderlich sind. Es geht dann um die Demonstration der eigenen Autonomie, die nicht willkürlicher Macht und herkömmlichen Strukturen »geopfert« werden soll. Hier erscheint Anpassung als Autonomieverlust und Aufgabe von Eigenverantwortung.

---

[72] In der politischen Theorie wurde das mit Blick auf die Aktivitäten des Mobs im Nationalsozialismus lange nur mit Vorbehalt behandelt. Neuere Debatten verweisen auch auf die konstruktive Rolle von Massenprotesten für die Freiheit hin. Zum Ganzen: Helena Flam, Soziologie der Emotionen. Eine Einführung, Konstanz 2002, 253f. u. 273–301.

Auch wenn die jeweils ausgelösten Emotionen nach sozialer Stellung, Erziehung, Bildung, kultureller Verwurzelung und im Leben erworbener Kontrollfähigkeit der jeweiligen Persönlichkeiten differieren können, gibt es so etwas wie gemeinsame Emotionen, die bei Störungen bzw. bei Enttäuschungen von Erwartungen eintreten. Dazu zählen u.a. Empathie und Mitleid mit Betroffenen, in deren Befindlichkeit man sich hineinversetzt hat, sowie Scham[73] und Schuldgefühle; letztere betreffen das Bild von sich selbst und stellen den eigenen Wert in Frage.[74]

Empathie und *Mitleid* können, wenn sie stark genug empfunden werden, Entschlossenheit zum Protest und Bereitschaft, Anerkennung zu riskieren, hervorbringen. *Scham* und *Schuldgefühl* ihrerseits können den Wunsch generieren, das entstandene getrübte oder gekränkte Bild von sich selbst durch moralisches Engagement und altruistische Handlungen zu korrigieren und wieder in Übereinstimmung mit dem besseren ursprünglichen Selbstbild zu bringen.[75] Sie können aber auch den Vorsatz reifen lassen, das eigene beschädigte Selbstwertgefühl durch Wut und Aggressivität gegen Dritte, die für die Kränkung verantwortlich gemacht werden oder aber als »Stellvertreter« für die wirklich Verantwortlichen projektiv haftbar gemacht werden, wieder herstellen zu wollen.

In den liberalen Gesellschaften der Gegenwart gibt es nicht wenige Beispiele derartiger hochgefährlicher gruppenbezogener Wut- und Überlegenheitsspiralen, die ihren Ursprung in dem Wunsch haben, sich vor der eigenen Demütigung schützen zu wollen. Sie stellen ein leicht verführbares Potential für politische Demagogen dar, die an den aufwändigen Verfahren der demokratischen Willensbildung vorbei mit dem Volkszorn, dem »Bür-

---

73 Zum Gefühl der Scham Näheres bei Flam, Soziologie der Emotionen, 155f. und von Schlippe, Karussell, 115f.
74 Hilfreich erscheint m.E. die von Helena Flam referierte Unterscheidung von S. Shott zwischen einfühlenden und selbstreflexiven Emotionen (Soziologie der Emotionen, 128).
75 Vgl. Flam, Soziologie der Emotionen, 129 u. 130–134.

gerwillen« und »sozialen Mehrheiten« jenseits der parlamentarischen argumentieren. »Die« Arbeitslosen, »die« Migranten, »die« Muslime, »die« Schwulen, »die« Bullenschweine, »die« Reichen, »die« Intellektuellen oder auch »die da oben« dienen hierbei als wohlfeile und im Grunde austauschbare Feindbilder.

Deshalb ist – moralisch gesehen – nicht jeglicher Protest (eingeschlossen auch das Boykottieren und Symbolhandlungen, die das Nichteinverständnis der schweigenden Mehrheit sichtbar machen sollen) gleich achtbar und mit dem Qualitätssiegel des grundrechtlich geschützten Anspruchs auf öffentliche Kundgabe einer anderen, von der Mehrheit bzw. von der politischen Exekutive vertretenen abweichenden Meinung zu sein, zu adeln.

Umgekehrt lässt sich die moralische und grundrechtliche Legitimität von *Protest* nicht auf jene Themen und Meinungen beschränken, die die Legalität abbilden, ausgenommen Aufrufe zu Hass, Diskriminierung und Hetze gegen bestimmte Gruppen. Der Protest darf sowohl die, die Verantwortung tragen, kritisieren als auch zu systemkritischem Handeln aufrufen. Im Einzelfall müssen selbst sogenannte Whistleblower geschützt werden, wenn klar ist, dass das, was sie zur Anzeige gebracht haben, zwar gegen ein Schweigegebot verstößt, aber durch das Schweigen nur grobes Fehlverhalten innerhalb ihrer Behörde oder ihres Unternehmens vor Aufdeckung geschützt würde. Der grundrechtliche Schutz der Meinungs- und Demonstrationsfreiheit geht nämlich davon aus, dass der Einzelne mehr als Staatsbürger und Rechts»genosse« ist, nämlich auch autonomer Konsument, Bewohner einer Heimat, Teilhaber und Nutzer der Natur und ihrer Güter, Kümmerer in seiner Umgebung, Inhaber einer Wohnung und vieles andere mehr. In all diesen Rollen darf und kann er sich um die Richtigkeit der bestehenden sozialen Regelwerke bemühen und Verbesserungen einfordern.

Anpassung bzw. Konformität, Empathie, Scham und Schuldgefühl, Selbstwertgefühl und Empörung gelten gemeinhin eher als Kategorien der Psychologie denn als solche der Ethik. Freilich liegt die Aufmerksamkeit in den Überlegungen dieses Kapitels nicht so sehr auf der Analyse der Emotionen und der Sichtbarmachung ihrer Macht im Denken und Handeln der Menschen, sondern auf der meist unausgesprochen bleibenden politischen Dimension des alltagsmoralischen Umgangs mit dem Selbst. Die Begriffe Anpassung usw. bezeichnen in dieser Hinsicht nicht nur psychische Realitäten und Dynamiken, sondern auch und vor allem deren Expressionen im alltäglichen Handeln der Einzelnen. Die sind nämlich immer konfrontiert mit dem, was der Mainstream denkt, was die Anderen meinen, was viele, ja die meisten tun, und sie müssen sich dazu verhalten. Und da reicht das Spektrum der Möglichkeiten eben von adaptierend, sich anpassend bis hin zu sich widersetzend und sich verweigernd.

V. Neue Akzente in der Alltagsmoral

Sorge um sich selbst

Das Alltagsleben besteht aus Gewohnheiten, Muße, Routinen des Sorgens, Beschaffens, Konsumierens und Ordnens, aus Aktivitäten wie Sich-Bewegen, Lesen und mit anderen Kommunizieren, aus Arbeiten, Fühlen und Empfinden, aus Praktiken, angenehme Empfindungen hervorzurufen und sie zu genießen und mit unangenehmen umzugehen. Das alles geschieht mit einer zeitlichen Dimension und macht in seiner Gesamtheit biografisch gefüllte Zeit aus.

Über die biografische Zeit hinweg und durch die vielen zeitlichen Episoden und Aufgaben der Gestaltung hindurch stellt sich die Aufgabe herauszufinden, wer man selber ist. Als Erwachsene gehen zwar die meisten Menschen ganz selbstverständlich davon aus, dass sie selbst Ursprung ihrer Entscheidungen und Handlungen sind und damit verbunden auch, dass das zugrunde gelegte und gefühlte »Ich« etwas Festes und im Wechsel von gestern, heute und morgen Bleibendes, Sich-Durchhaltendes ist. Zu diesem »Ich« gehören, wenn man es näher zu beschreiben versuchte, äußerlich feststellbare Merkmale wie Name, Geschlecht, Aussehen, Gesicht, Geburtsdatum und -ort, Nationalität; diese Merkmale werden von den Behörden als Markierungen benutzt, um bei Verwaltungsakten zweifelsfrei feststellen zu können, dass man diese bestimmte Person XY ist, die gerade eine bestimmte Grenze überschritten hat oder die einen Anspruch auf eine bestimmte Leistung hat oder die einen bestimmten Platz im Flieger oder in der Bahn gebucht hat. Dabei wissen wir, und bei Gelegenheit wird es auch ausgesprochen, dass unser »Ich« aus mehr besteht

V. Neue Akzente in der Alltagsmoral

als aus solchen amtlich erfassbaren Merkmalen, nämlich auch aus einer eigenen individuellen Lebensgeschichte mit Entwicklungen, Lernprozessen und erlebten Konflikten, die schmerzhaft waren und unter Umständen viel Kraft gekostet haben.

Die Summe der besonderen Merkmale, die einen unverwechselbar machen mit den vielen Anderen, umschreibt man meist mit dem Begriff »Identität«. Identität meint einerseits das So-Sein eines Ichs in Abgrenzung zu allen anderen, andererseits aber auch die Stabilität und Kontinuität der Person im Fluss der Zeit und des Fortgehens der Lebensgeschichte.

Die vermeintliche Selbstverständlichkeit, ein eigenes, unverwechselbares und sich durchhaltendes »Ich« zu sein, ist bei näherer Betrachtung so selbstverständlich gar nicht. Denn was als »Ich« begriffen und vorausgesetzt wird, ist das Ergebnis eines vieljährigen biografischen Prozesses, der in der betroffenen Person selbst und zugleich in der Auseinandersetzung mit anderen Menschen um sie herum stattgefunden hat. Und es ist genau genommen auch bloß ein Moment-Bild und nie definitiv fertig und unveränderlich im Hinblick auf die weitere Zukunft, weil an und mit dieser Person XY Entwicklungen, Ereignisse und Schicksale passieren können, die nicht ihrer Kontrolle unterliegen. Trotzdem können sie – man denke etwa an Krankheit, Altern, Demenz oder auch an erfreulichere Dinge wie das Zuwachsen der Rollen von Großeltern als Bezugspersonen für kleine Kinder oder den Wiedergewinn von Zeitsouveränität durch Eintritt in den Ruhestand u.ä.m. – oder genauer der Umgang mit ihr in größerem oder kleinerem Maß gestaltet werden.

Die Aufgabe, eine nicht nur theoretische, sondern auch eine praktische, mit Leben gefüllte Antwort auf die Frage »Wer bin ich?« zu geben, zieht sich durch alle Lebensphasen hindurch. Sie ist bekanntlich in der jugendlichen Entwicklung von ganz besonderer Bedeutung; und ihre Bewältigung hier bleibt grundlegend auch im Erwachsenenalter. Laut Erik Erikson, einem deutsch-amerikanischen Psychoanalytiker und weltweit angesehenen Entwicklungspsychologen, ist die Entwicklung in der Jugendzeit gekennzeichnet durch den Abgleich von Selbst- und Fremdbild und die Ausrichtung auf die Gleichaltrigen. Werden die dabei auftretenden Selbstzweifel bestanden und bewältigt, entsteht Ich-Identität. Das ist Eriksons Bezeichnung für das Bewusstsein der Gleichheit und Kontinuierlichkeit von sich selbst und im Verhältnis zu den Anderen.[76] Man könnte auch von der gefestigten Überzeugung, diese bestimmte Persönlichkeit zu sein, sprechen. Wird solche Identität nicht erreicht, komme es zu einem Scheitern des Selbstbildes, zum Gefühl der Verwirrung und in der Folge hiervon zu geringerer sozialer Anerkennung. In der jüngeren Sozialpsychologie wird der Leistungs-Charakter und in der Ethik der Aufgaben-Charakter dieser grundlegenden Krise als Identitäts»arbeit« bezeichnet bzw. gewürdigt.

Denn auch in den nachfolgenden Lebensaltern (Erikson: »Entwicklungsstadien«) und verschärft durch die Komplexität und die Beschleunigung der Veränderungen in den Lebensverhältnissen, die sich auch in die alltäglichen Abläufe und Kommunikationsstrukturen hinein auswirken, bleibt die Identität des Ichs gewissermaßen eine Baustelle, die immer wieder und je neue Herausforderungen bereithält und infolgedessen ausbalanciert und nachjustiert werden muss. Menschen, die sich gegen solche Herausforderungen zu Veränderungen grundsätzlich sperren, werden von denen, die sie kennen oder beobachten, gern als starrköpfig oder sogar als komisch charakterisiert, was nichts anderes meint als: seltsam, eigenbrötlerisch, schwierig im Umgang oder auch rückwärtsgewandt. Sich den Herausforderungen zu stellen, wird – sofern unkritische Anpassung und Verklärung von Veränderung und Trendigkeit als Selbstzweck vermieden werden – gern als Ausdruck von Flexibilität und Dynamik gelobt. Die Betreffenden selbst sprechen im Rückblick gern von einem Prozess des Reifens, einer notwendigen Entwicklung oder Findung. Das alles sind

---

76 Erikson, Identität und Lebenszyklus. Drei Aufsätze, Frankfurt a. M. [28]2017, 106–114.

V. Neue Akzente in der Alltagsmoral

sprechende Metaphern, die zugleich an der Figur des grundlegenden, fortbestehenden und sich trotz aller Veränderungen durchhaltenden Ich festhalten, das sich mit der eigenen Person verbindet und sie in ihrer Eigenart und Einmaligkeit ausmacht. Kinder brauchen Erziehung durch stabile Bezugspersonen, Jugendliche Vor- und auch Gegenbilder, an denen sie sich abarbeiten können, Erwachsene Partner und Partnerinnen, mit denen sie das Leben gestalten, und Kinder oder Andere, für die sie sorgen können. Aber weder Familie noch Beruf entheben sie von der Aufgabe, ständig an sich weiterzuarbeiten.

In der Aufbauzeit nach dem Zusammenbruch des 2. Weltkriegs firmierte diese Einsicht unter Stichworten wie »Annahme seiner selbst«, »Selbsterziehung« und dem Appell, für Andere, vor allem die Jüngeren, ein »Vorbild« zu sein. Heute ist »die Sorge um sich selbst« ein zentrales Thema der sogenannten Lebenskunst-Philosophie, die in Anknüpfung an antike Traditionen[77] Reflexionshilfen zum aufmerksam-achtsamen Umgang sowohl mit sich als auch mit anderen, mit der Welt und mit der Natur geben möchte, ohne allgemeingültige Vorschriften zu machen, die auf Normierung bis in kleinste Einzelheiten und Anpassung zielen.[78] Sie versteht sich auch als Erfüllung der Forderung der Aufklärung, »sich selbst führen zu lernen und die Sorge um sich nicht anderen zu überlassen«[79]; und zugleich als Korrektur der Vorbehalte gegen die Selbstliebe in der christlichen Tradition.

Konkret verdichtet sich das Nachdenken auf das Individuum und die Entfaltung des Selbst heute besonders akzentuiert in Überlegungen und Ratschlägen, die den Themenkreis der Ge-

---

77 Christoph Horn, Antike Lebenskunst, München 1998.
78 Wilhelm Schmid, Schönes Leben? Einführung in die Lebenskunst, Frankfurt a. M. 2000; ders., Philosophie der Lebenskunst. Eine Grundlegung, Frankfurt a. M. 1998.
79 Schmid, Auf der Suche nach einer neuen Lebenskunst. Die Frage nach dem Grund und die Neubegründung der Ethik bei Foucault, Frankfurt a. M. 2000, 226. Vgl. ders., Philosophie der Lebenskunst, 12f.; 33f.

sundheit betreffen, und solche, die mit dem Stichwort Bildung aufgerufen werden können.

Beim gesamten Themenkreis *Gesundheit* geht es aber nicht nur um Wege aus der Krankheit und die Wiederherstellung der Funktionen von Körper und Seele mit medikamentöser, kurativer oder prothetischer Unterstützung. Die nach vorn, also auf die Zukunft gerichtete Vergrößerung jener psychischen Ressourcen, die Widerstandskraft und Krisenbewältigungspotential verstärken, wird seit einigen Jahren unter dem Stichwort »*Resilienz*« verhandelt und findet in Gesellschafts- und Gesundheitspolitik starke Beachtung.

Eine immer größere Rolle spielt auch das Prinzip der *Vorsorge* (»*Prävention*«) im Sinne der Vorsicht und der Vorbeugung, was sowohl das bewusste Vermeiden schädigender Verhaltensweisen als auch die freiwillige Inanspruchnahme frühzeitiger Diagnostik- und Abwehrmaßnahmen (z.B. Vorsorgeuntersuchungen, Impfungen) beinhaltet. Des Weiteren geht es um Möglichkeiten der Erholung und Ertüchtigung von Körper und Seele durch Bewegung, Breitensport, Ausdruck und das Erleben einer Gegenwelt durch gemeinsames Spiel. Ein weiterer Gedanke ist das Trainieren des Körpers mit dem Ziel, der eigenen Seele etwas Gutes zu tun, wie es heute bis in die kommerziellen Hotelangebote mit den Verheißungsvokabeln »Fitness« und »Wellness« chiffriert wird. Dabei geht es mehr als um Wiederherstellung und die Korrektur der Gewichtszunahme und Einschränkungen der Beweglichkeit, um ein gutes Verhältnis zu sich selbst und um den inneren Ausgleich.

Es ist ein Nebeneffekt dieser Veränderungen im Verständnis und in der Praxis von Gesundheit, dass sie sich zum Vorteil vieler Menschen auswirken, wie es sich in der von Jahr zu Jahr steigenden Verlängerung der durchschnittlichen Lebenszeit manifestiert.

Auch beim Themenkreis *Bildung* geht es nicht nur um die Optimierung der Ausbildung und die Verfügung über größtmögliches Wissen. Vielmehr zielt Bildung im humanistischen Sinn gerade darauf ab, Menschen, vor allem die jüngeren, noch auf

V. Neue Akzente in der Alltagsmoral

Erziehung angewiesenen, zu selbständig urteilen könnenden Individuen heranzubilden, um sie nicht zu angepassten und funktionierenden Objekten eines fremden Willens oder anonymer Mächte werden zu lassen. Der Erwerb solcher Selbstmächtigkeit und Selbstwirksamkeit erfolgt durch Aneignung von Wissen und Kenntnissen, aber eben auch von Fähigkeiten und Sensibilitäten, von Sprach- und Begriffs-Kompetenz, von Verstehensmöglichkeiten und Vorstellungskraft und auch durch das Sich-Erschließen größerer Horizonte und das Erweitern der Fähigkeit, sich als ein Element größerer Gesamtheiten (die Menschheit, die Kreatur, die Natur, der Kosmos) zu begreifen.

Bildung umfasst heute auch die Befähigung des Individuums zum lebenslangen Lernen. Zunächst ist das eine notwendige Reaktion auf die Anforderung der Zivilisation, die sich laufend verändern bis in die alltäglichsten Verrichtungen hinein (Benutzung von Endgeräten zur Information und Unterhaltung, Kommunikation und die Beschaffung benötigter Verbrauchsgüter usw.). Zusätzlich ist aber die Befähigung zu lebenslangem Lernen auch deshalb eine Frage der guten Gebildetheit, weil die Menge der Einzelinformationen und der Bilder, die jeden Tag auf den Einzelnen und seine Vorstellungen, wie die Welt ist und wie man das Leben in ihr gestalten kann, einströmen, riesig und einflussreich ist. Nicht bloß veränderte Sichten können die Folge sein, sondern auch Irritationen, Abwendungen oder auch Sympathien für gefährliche Ideologien und Personen, die Orientierung und Führung versprechen.

Schließlich geht es bei der Bildung auch um einen sinnvollen Gebrauch der Zeit, die »übrig« bleibt, wenn die zum Überleben notwendige Zeit »aufgebraucht« ist: Feierabend, Wochenende, Ferien und die Zeit nach dem Arbeitsleben ergeben zusammen eine beträchtliche Menge an freier Zeit, die vertan, verschenkt oder eben auch für Bildung genutzt werden kann.

Zur Bildung gehört heute auch das Sich-vertraut-Machen mit den Institutionen und dem Funktionieren der Demokratie. Nicht nur die politischen Mandatsträger, sondern jeder Bürger und jede

Bürgerin tragen eine Verantwortung für den demokratischen Prozess. Sie alle sollten wenigstens im Groben wissen, wie Gesetze zustande kommen, wie Macht zugeteilt, begrenzt und kontrolliert wird; aber auch, wie für notwendig gehaltene Veränderungen in den politischen Prozess eingebracht werden können und wie unsichtbaren Problemgruppen Sichtbarkeit und Stimme verschafft werden können.

Nähe und Distanz zu den Anderen

Die Selbstformung von Personen zu Persönlichkeiten, wie sie im vorhergehenden Kapitel dargestellt wurde, erfolgt nicht abgeschirmt von allem anderen am Einzelnen für sich, sondern stets eingebettet und in ständigem Austausch mit Um-Welten. Diese Umwelten sind sozial und kulturell bestimmt. Was sie ausmacht, sind also einerseits und zuerst konkrete andere Menschen und Beziehungen, andererseits aber auch geltende Normen und Ideale aus Gewohnheit oder sozialer Üblichkeit, Institutionen (Familie, Schule, Gemeinde), Organisationsformen und Symbole. Letztere betreffen wichtige Lebens- und Erfahrungsbereiche des Alltags wie Zusammenleben, Essen und Wohnen, Freizeitverhalten und Arbeitsleben, Konsumieren und Verbrauchen. Alles das braucht Gestaltung, kann aber auch reflektiert und aufgrund solcher Reflexion jeweils ausgerichtet, mit Anderen abgestimmt und auch verändert werden, wenn auch nur in dem Rahmen, den äußere Einflussfaktoren erlauben. Das alltagsmoralische Agieren und Positionieren innerhalb dieses Beziehungs- und Austauschgefüges, das zur Ganzheit des Menschen gehört, soll nun in diesem Kapitel Gegenstand des aufmerksamen Beobachtens sein.

Zur moralischen Gestaltung von nahen und besonders von familiären und Liebesbeziehungen gehört elementar und entscheidend das Gespür und das Bemühen, sie zu unterscheiden und abzugrenzen vom Raum des Öffentlichen, der mit allen geteilt werden kann und zu dem prinzipiell jeder, der es will, Zugang

V. Neue Akzente in der Alltagsmoral

hat. Die qua Dasein benötigte und gesuchte Geborgenheit wird nur da gefunden und gestillt, wo die intensive körperliche und vorbehaltlose Nähe zum anderen Menschen vor Berührungen, Ohren und Blicken Dritter geschützt bleibt. Sie würden stören, weil sie sehr Persönliches zur Angelegenheit der gemeinsamen Sphäre machen und es damit seiner Besonderheit berauben würden.

Die *Unterscheidung von Privatsphäre und Öffentlichkeit* bedarf besonderer Wachsamkeit und Pflege, weil sie heute von mehreren Entwicklungen angegriffen bzw. unterlaufen wird und der Gefahr einer stillen, aber dynamisch fortschreitenden Erosion ausgesetzt ist. Deutlicher als früher bekannt war, zeigt sich, dass geschützte Privatheit auch als Tatort für Willkür-Macht, für Ausbeutung und sexualisierte Gewalt missbraucht wird. Das nötigt Staat und Recht dazu, die grundlegenden Rechtsgüter Selbstbestimmung, körperliche Integrität und Freiheit von psychischem Zwang auch im Bereich der Privatheit verbindlich und Verstöße dagegen verfolg- und sanktionierbar zu machen. Eine andere Gefährdung aus dem Raum der Privatheit selbst bedroht diese in Gestalt der vielfachen und überaus raschen Möglichkeiten, als einzelnes Individuum Persönliches und Intimes mittels social media in Worten und Bildern ganzen Netzwerken, Fangemeinden von Followern oder sogar jedem, der möchte, preiszugeben.

Während diese Gefahren in öffentlichen Debatten gern kleingeredet oder als Tribut an die öffentliche Unterhaltung verharmlost werden, hat gleichzeitig die allgemeine Empfindlichkeit gegenüber den Möglichkeiten, dass staatliche Organe zur Erleichterung der Verbrechensbekämpfung Privates wie den Austausch von Informationen, Wohnungen, Bewegungen im öffentlichen Raum mit Hilfe technischer Instrumente überwachen, stark zugenommen. Wichtig zu sehen und dagegen Wachsamkeit auszubilden, wäre aber auch, dem lautlosen Eindringen ökonomischer Zwänge und Mentalitäten in genuine Räume der Privatheit (Gesundheitsverhalten, Wohnungsnutzung, Wissenschaft, Sport, Kunst u.a.) durch Werbung, Bewertung der Qualität nach Ein-

Nähe und Distanz zu den Anderen

schaltquoten, Gentrifizierung, Marktwert entgegenzutreten bzw. seiner Dynamik Schranken zu setzen – auch im eigenen alltäglichen Verhalten als Verbraucher und Anbieter.

Die Grenzen der Privat- und Intimsphäre können aber nicht nur durch gesellschaftliche und politische Entwicklungen unterminiert und dann irgendwann eingerissen werden, sondern auch durch das Verhalten von Einzelpersonen missachtet werden, so dass Verletzungen entstehen. Dann spricht man von »Übergriffen« und »*übergriffigem Verhalten*«. Die Sensibilität für bestimmte typische Konstellationen von Übergriffigkeit ist in den letzten Jahrzehnten stark gewachsen. Kritisiert und angeprangert wird insbesondere jede Form der Übergriffigkeit in Worten, Blicken und Berührungen zwischen Männern und Frauen. Sie werden als *Sexismus* oder als *sexuelle Belästigung* bezeichnet. Aufdringliches Verfolgen, Nachstellen, Anblicken und Beobachten einer Person ohne oder gar gegen deren Wunsch wird als *Stalking* kritisiert.

Das gemeinsame Vorgehen gegen eine einzelne Person, die eigentlich die gleiche Position in Schule oder am Arbeitsplatz einnimmt, wird als *Mobbing* bezeichnet. Die systematische Benachteiligung eines Mitarbeiters durch seinen Vorgesetzten heißt *Bossing*, das Kritisieren eines Einzelnen oder einer ganzen Berufsgruppe vor vielen anderen *Bashing*, während der Gebrauch traditioneller Klischees für Menschen anderer Hautfarbe oder erkennbar fremder Herkunft als *rassistisch* oder *kolonialistisch* qualifiziert wird. Allen diesen Formen der Übergriffigkeit ist ein gefühls- bzw. vorurteilsgesteuertes Verweigern einer angemessenen Distanz oder, positiv ausgedrückt, ein Zuviel an Zudringlichkeit gemeinsam, das in sublime Formen der Gewalt übergeht oder zumindest als solche empfunden werden kann.

Mit »Rassismus« wird häufig auch eine Form von diskriminierendem Verhalten gemeint. Dessen Kennzeichen ist die Ungleichbehandlung von Menschen nur aufgrund eines Merkmals, das sie haben, ohne dass sie eine Möglichkeit hätten, es zu beeinflussen oder gar zu beseitigen. Derartige Merkmale sind typischerweise die ethnische Herkunft, die Hautfarbe, das Geschlecht, die Religi-

V. Neue Akzente in der Alltagsmoral

on, eine Behinderung, das Alter oder die sexuelle Orientierung. Sie werden in Menschenrechts- und modernen Grundrechts-Katalogen übereinstimmend als Gründe für Diskriminierung ausdrücklich genannt und samt und sonders für illegitim erklärt. Solche hochrangige Verurteilung ist ein starkes Signal und verpflichtet das staatliche Handeln in allen Bereichen, diskriminierende Behandlung zu unterbinden und diskriminierende Bestimmungen und Praxen zu korrigieren. Freilich weiß der Gesetzgeber auch, dass damit das untergründige Fortwirken diskriminierender Mentalitäten nicht schon einfach gestoppt ist. Das vermag nur die Alltagsmoral der Bürgerinnen und Bürger, unterstützt von systematischen Anstrengungen in Schulen und Bildungseinrichtungen.

Die programmatische Formel für das geläufige soziale Bemühen, gegen noch vorhandene Diskriminierungen aktiv vorzugehen, lautet *Inklusion*. Ursprünglich ausgehend von dem Vorsatz, den Menschen mit einer Behinderung ein möglichst großes Maß von Teilhabe am gesellschaftlichen Leben zu erschließen, ist Inklusion heute ein anerkanntes Leitziel der Bildungs-, Gesellschafts-, Integrations- und Wohnungsbaupolitik geworden. Auch wenn wirkliche Gleichheit in der Teilhabe in manchen Fällen unerreichbar erscheint, besteht weitgehende Einigkeit darüber, dass jede Form und jede Struktur der Ausgrenzung bekämpft werden muss.

Als weiterer wichtiger Akzent innerhalb des Konglomerats Alltagsmoral kann das Verständnis zahlreicher gemeinwohlbezogener und nichtbezahlter Tätigkeiten als *Ehrenamt* hervorgehoben werden. Das Ehrenamt ist von seiner Konzeption nicht die kostensparende Kompensation für den Rückbau öffentlicher und professioneller Leistungen der öffentlichen Hand. Zu seinem Selbstverständnis gehört nicht nur das Element der Selbstlosigkeit des Engagements, sondern auch das des Erlebens und Praktizierens von Selbstwirksamkeit. Eine beliebte, weil konkrete und zeitlich überschaubare Form solcher Ehrenamtlichkeit ist die Unterrichtung und Unterstützung von Kindern und Jugendlichen aus den Kreisen der Asylsuchenden und Geflohenen. Hier kann die

Not konkret wahrgenommen und gemeinsam bearbeitet werden, so dass das Helfen in vielen Fällen auch mit der befriedigenden Erfahrung, etwas ganz Konkretes zum Erfolg und zur Eingliederung von Menschen in Not beigetragen zu haben, erlebt werden kann.

Für viele jüngere Menschen, die sich zur Gründung einer Familie entschlossen haben, und deren Alltag auf einen Schlag durch neue Notwendigkeiten und veränderte Prioritäten herausgefordert wird, ist der Wille, die Kinder mit ihren spezifischen Bedürfnissen, Interessen und Veranlagungen ernst zu nehmen und diesen gerecht zu werden, oberstes Gebot. Auch dieser hohe Rang des *Respekts vor dem Kind* ist ein gelebtes Element heutiger Alltagsmoral, für dessen Umsetzung motivierte Eltern ihre Ressourcen an Zeit, Energie und Geld einsetzen. Anders als die Generation der Nachkriegseltern, die die Bahnen für ihre (damals häufig: mehrere) Kinder weitgehend vorentworfen hat und stärker auf der Haltung des Gehorsams bestand, suchen sie schon frühzeitig zusammen mit ihrem Kind individuell passende Wege für alles und jedes. Eine immer wichtigere Form des Respekts vor dem Kind ist in den letzten Jahren im Zusammenhang mit der Aufdeckung sexualisierter Gewalt gegen Kinder die *Achtsamkeit gegenüber allen Formen von sexuellem Missbrauch* geworden. Gesetzgeber und große gesellschaftliche Akteure unterstützen inzwischen Eltern und Erzieher strukturell mit verpflichtenden Trainingsprogrammen in Aus- und Fortbildung sozialer Berufe und mit neu implementierten Meldestrukturen bei der Verhinderung, Aufdeckung und Ahndung von Übergriffen.

Sorge um Natur, Klima und Erde

Der Mensch ist nur eine unter Millionen Arten von Lebewesen auf der Erde. Alle Arten und Lebewesen sind angewiesen auf bestimmte Umweltbedingungen und Stoffe. Und die haben etwas zu tun mit der Natur und ihrer ständigen Verfügbarkeit und Leben-

V. Neue Akzente in der Alltagsmoral

digkeit. Menschen können sie sehr wohl schädigen und nutzen, aber weder neu schaffen noch zugefügte Schädigungen einfach »reparieren«. Insofern stehen die naturalen Lebensbedingungen sowohl der Lebewesen insgesamt als auch die des Menschen im Speziellen unter dem Gesetz der Knappheit und der Gerechtigkeit; jedenfalls heute. Noch vor Jahrzehnten schien der Vorrat an Natur unerschöpflich und das Potenzial an Selbstheilungskräften ebenso.

Es geht in diesem Kapitel aber nicht um die dieser Einsicht angemessenen Strukturen der Gerechtigkeit und der Nachhaltigkeit, deren Reflexion und Konstruktion Aufgabe von Umweltethik und deren Umsetzung jene von Umweltpolitik ist. Vielmehr geht es ausschließlich um Orientierungspunkte für einen Lebensstil, der den ökologischen Erfordernissen entspricht und sich davon leiten lässt. Und zwar in dem Ausschnitt, den das Individuum selbst gestalten und beeinflussen kann. Dabei geht es sowohl um die Aneignung eines Selbstverständnisses, das über sich hinausblickt und bereit ist, die größeren ökologischen Zusammenhänge, in die der Mensch eingebunden und auf die er angewiesen ist, wie auch die Folgen menschlichen Eingreifens überhaupt wahrzunehmen. Und es geht um engagiertes Tun, das geeignet ist, zur Erhaltung der naturalen Basis und der Lebenszusammenhänge, in denen wir unser Leben führen (müssen), beizutragen.

Als eine notwendige und gute Grundeinstellung für alle Lebenslagen galt und gilt vielen Menschen und kulturellen Traditionen das *Maßhalten*. Entscheidender Ansatzpunkt der Aufforderung etwas zu verändern, ist hier die denkende Person selbst und zuerst sie, also weder »die Anderen« noch irgendwelche »Strukturen«, die die vielen Einzelnen fest in ihrem Griff haben. Die Maxime des Maßhaltens aus den bis zur Antike zurückreichenden Tugend- und Weisheitslehren erscheint heute aktueller denn je. Es geht dabei konkreter um die Korrektur der Kurzfristigkeit der Handlungsziele durch die Öffnung des Blicks auf Dauer und Langfristigkeit, um die Relativierung des Verbrauchens und Wegwerfens bei sämtlichen Arten des Konsumierens, und um die

Herstellung und Findung einer individuellen Balance zwischen Arbeit, sozialem Leben und Freizeit sowie um die Vertiefung des Verständnisses von Wohlstand durch soziale Verbundenheit und Kreativität; schließlich auch um die Dezentrierung des Immer-mehr-haben Wollens zugunsten von mehr Sein und um den emphatischen Blick auf die ökologischen Zyklen anstelle von »Schneller – Höher – Stärker« (dem Motto der modernen Olympischen Spiele). Und um Nachhaltigkeit in sämtlichen Bereichen des Handelns anstelle von Gedankenlosigkeit und Gleichgültigkeit.

Beliebte Verkörperungen ökologischer Sorgfalt im Alltag sind neben der verbreiteten *Mülltrennung* und der sortierten Abgabe von Altmaterial in den kommunalen Wertstoffhöfen die *Bevorzugung naturerzeugter Produkte* gegenüber stark chemisch behandelten (Ernährung) und künstlich hergestellten (Kleidung).

Auch bei kritischer Beobachtung und Distanzierung von entgegengesetzten Einstellungen und Haltungen werden gern starke traditionelle Formeln wie Gier, Habsucht und Verschwendung oder umfassende Laster bzw. Sünden der modernen Gesellschaft benutzt[80], um kritisierte Verhaltensweisen zu benennen und die vermuteten zugrunde liegenden Antriebskräfte zu geißeln.

Eine spektakuläre Form individuellen Handelns zugunsten der Umwelt und auch bedürftiger Menschen und zugleich Protest gegen die Gedankenlosigkeit der etablierten Mechanismen der Lieferung und des Umgangs mit Lebensmitteln ist das unter dem Namen »*Containern*« in die Schlagzeilen geratene Herausnehmen (»Retten«) von weggeworfenen Lebensmitteln aus dem Abfall. Es erregt öffentliches Aufsehen und gelangt immer wieder in die Berichterstattung, weil bereits mehrere Strafprozesse in Deutschland damit endeten, dass die »Täter« (»Foodsaver«), die Lebensmittel, die nicht mehr verkauft werden konnten (etwa, aber nicht nur

---

80 S. dazu u.a. den interessanten Sammelband von Alfred Bellebaum und Detlef Herbers (Hg.), Die sieben Todsünden. Über Laster und Tugenden in der modernen Gesellschaft, Münster 2007.

V. Neue Akzente in der Alltagsmoral

wegen des Ablaufs des Mindesthaltbarkeitsdatums) und deshalb entsorgt werden sollten, aus den Müllcontainern von Supermärkten genommen hatten, zu Strafen wegen Diebstahls (§ 242 StGB) verurteilt wurden.

In den sozialen Netzwerken ist Containern inzwischen eine Art von Bewegung geworden. Ihre Betreiber verstehen sie nicht nur als Möglichkeit zur kostenlosen Versorgung von Bedürftigen und/oder von sich selbst, sondern auch als Protest gegen die empörenden Mechanismen der Wegwerfgesellschaft. Jedes Jahr werden nämlich viele Tonnen noch brauchbarer Lebensmittel, vor allem Gemüse, Kleidung und andere wertvolle Ressourcen (teilweise aus den Retouren von Bestellungen, also völlig neuwertige Waren) vernichtet.

Mit entsprechenden Aktionen verknüpft ist also durchaus auch eine politische Zielsetzung: Öffentlich soll eine zivilisatorische Praxis an den Pranger gestellt werden, darüber hinaus auch eine Korrektur der bisherigen rechtlichen Behandlung erreicht werden: Wenigstens soll Containern nicht mehr strafbar sein. Noch prätentiöser ist das Ziel, Lebensmittel-Vernichtung per Gesetz zu verbieten. Das politische Engagement für mehr Nachhaltigkeit reicht so in den politischen Raum hinein. Es wendet sich ausdrücklich an die Öffentlichkeit. Mittels gezielter Aktionen, Unterschriftsaktionen und des dadurch entfachten Interesses der Medien sollen möglichst viele Bürger und Bürgerinnen, aber eben auch Abgeordnete, Unternehmer und Amtsträger der Recht sprechenden Institutionen informiert und zum Nachdenken gebracht werden.

Ein zugleich kritischer wie auch an das Handeln der Verantwortlichen appellierender Impuls wohnt auch einer anderen, auf die Erhaltung der natürlichen Umwelt zielenden Alltagspraxis inne, die es in kleineren Kreisen bereits seit langem gibt, die sich aber erst innerhalb der letzten Jahre sehr verbreitet hat, so dass sie zu einem regelrechten Trend geworden ist. Sie besteht darin, bei der *Ernährung* auf Fleisch von Tieren zu verzichten (*vegetarisch*) oder sogar auf alles, was irgendwie von Tieren stammt, also auch auf die Milch von Kühen (*vegan*). Die Motivation dafür bezieht sich einerseits auf den Respekt vor den Tieren als Lebewesen und Mitgeschöpfen, andererseits auf die Vermeidung von CO_2-Ausstoß und das Stoppen des Landverbrauchs durch intensive Vieh- und Tierfutter-Bewirtschaftung. Beide Formen der Ernährungseinschränkung verlangen enorme Disziplin, sind aber gerade bei jungen Leuten, die etwas an »der Welt, wie sie ist«, verändern wollen und sich dafür selbst in die Pflicht zu nehmen bereit sind, geschätzt und attraktiv. Ihre Praktizierung löst bei vielen, die die herkömmlichen, kulturell verankerten Gepflogenheiten der Ernährung fortsetzen, Nachfragen aus und kann Irritation hervorrufen. Den politischen Raum tangiert solches Verhalten, wenn die Bestrebungen darauf zielen, dass bei Anbietern von Essen, die im Auftrag einer öffentlichen Institution tätig sind wie Mensen in Kitas, Schulen und Universitäten, auch vegetarische und vegane Menü-Alternativen zur Auswahl stehen müssen oder Essen mit Fleisch abwechselnd mit fleischlosen Gerichten serviert wird.

Die Selbstverpflichtung, sich ökologisch verträglicher zu versorgen und zu ernähren, ist eine aktuelle Konkretisierung einer Haltung, die bis vor wenigen Generationen in Erziehung und Spiritualität mit noch vor nicht allzu langer Zeit als altmodisch empfundenen Begriffen wie »Fasten«, »Verzichten« und »Askese« eingefordert wurde. Dort, wo sie nicht nur um ihrer selbst eingefordert und eingeübt wurde, war immer schon der Gedanke damit verbunden, dass *Verzicht* nicht ein schlechtes und eingeschränktes Leben bedeuten muss, sondern auch ein Weg zu mehr Freiheit und tieferer Erkenntnis sein kann. Möglicherweise spielt die Haltung des Verzichts in nicht zu ferner Zeit wieder eine größere Rolle als eine Bedingung von Lebensqualität und – unter den Bedingungen größerer Knappheit und steigender Preise – von Gerechtigkeit.[81] Denn die Steigerung des heute in den Industrieländern üblichen Lebensstils verschlingt auf Dauer mehr Ressourcen, als Erde und Natur bereitstellen können.

Der Appell zu Verzicht und Sparsamkeit im Verbrauch natürlicher Ressourcen im Hinblick auf Umwelt, Klima, Rohstoffe, Energie und auch im Hinblick auf den ärmeren Teil der Menschheit ist auch und zunächst eine Herausforderung an das eigene alltägliche Leben, hat aber wegen der Kumulation der verschwenderischen Lebensweise der Vielen auch eine politische Komponente. Der notwendige Umbau der Verbrauchsgewohnheiten muss gesteuert, koordiniert und aufmerksam sozial abgefedert werden. Um auch den Einzelnen eine nachvollziehbare Möglichkeit zu geben, was nötig wäre, um die von ihm durch Wohnen, Reisen und Konsum verbrauchten Ressourcen an Wald, Kulturland und Wasser zu erneuern, gibt es den Indikator »*ökologischer Fußabdruck*«, den sich jeder und jede für sich berechnen kann. Eine andere beliebte Aktion, um individuell oder als Gruppe etwas gegen den Klimawandel zu tun, ist das Pflanzen von Bäumen, um den eigenen Eintrag von CO_2-Emmissionen zu kompensieren. Umrechnungstabellen, in denen der Neutralisierungs-Kapazität von x Bäumen der CO_2-Ausstoss durch eine Reise bzw. Verbrauchsgewohnheiten gegenübergestellt sind, helfen bei der Einschätzung der Schädlichkeit eigenen Verhaltens und vermitteln zugleich eine anschauliche Vorstellung davon, welchen Aufwand »die Natur« treiben muss, damit die Erde längerfristig durch die Menschen nicht nachhaltig verdorben wird.

Bürger und Bürgerin sein

Es ist noch kaum mehr als hundert Jahre her, dass als wichtigste Haltungen eines guten Bürgers Gehorsam, Ruhe, Tapferkeit und

---

[81] S. dazu etwa die Beiträge in Philipp Lepenies (Hg.), Verbot und Verzicht. Politik aus dem Geist des Unterlassens, Berlin 2022.

Bürger und Bürgerin sein

Hingabe für Volk und Vaterland galten; im Fall der Bedrohung umfasste das auch die Bereitschaft zum Tod, der dann als »Heldentod« verklärt wurde. Zeugnisse dieses Bürger-Verständnisses finden sich vor allem in Redensarten, in Kinderliedern, die zum Glück aus der Mode gekommen sind (sogenannte Soldaten- und Kriegslieder, die in jeder alten Liedersammlung eine eigene Abteilung bildeten), auf Totenzetteln zum Gedenken an Vorfahren und Verwandte, die in den Familien aufbewahrt wurden, auf den Gedenktafeln für die Gefallenen der Weltkriege auf den örtlichen Friedhöfen und in Kirchen. Sie erinnern – längst nicht mehr triumphierend, sondern trauernd, klagend und mahnend – an einen Idealismus, an das vorbehaltlose Vertrauen in die staatliche und national durchtränkte Propaganda, an systematische Täuschung und elende Enttäuschung und zuletzt an die abgrundtiefe Sinnlosigkeit und Vernichtung, in der all dieser Idealismus samt der staatlichen Organisation, die ihn instrumentalisiert und mit totalitärer Gewalt in allen Lebensbereichen, auch den privatesten, etabliert und aufrechtzuerhalten versucht hat, untergegangen ist.

In der neuen Rechtsordnung und Architektur des staatlichen Gemeinwesens, das kontrastierend auf diesen Zusammenbruch folgte, wurde der Mensch als Träger *unverlierbarer Würde und indispensabler Rechte* in die Mitte gestellt, wohingegen der Staat und seine Organe als nicht-absolut definiert und in allen Funktionen auf den Dienst an den Menschen und die Ermöglichung eines guten Zusammenlebens verpflichtet wurden.

Die wichtigste und vornehmste Form, wie der Bürger und die Bürgerin am Gemeinwesen teilnehmen und sich beteiligen können, ist das Recht zu wählen und sich wählen zu lassen.

In der Massendemokratie können sich aber nicht bei jeder anstehenden Entscheidung alle Wahlberechtigten real versammeln, diskutieren und ihre Stimme abgeben. Deshalb bedarf es der Organisation des Wählens nach dem Prinzip der Repräsentation: Hierbei votieren die Wähler mit ihrer Stimme für einen der Kandidaten. Wer die meisten Stimmen auf sich vereinigt, zieht dann

V. Neue Akzente in der Alltagsmoral

als Abgeordneter ins Parlament – aber nur für die Dauer einer bestimmten, genau festgelegten Zeit (Legislaturperiode).

Das *Grundrecht zu wählen* schließt nach allgemeiner Auffassung auch das Recht ein, auf die Ausübung dieses Rechts zu verzichten. Derlei Enthaltung kann unter bestimmten Bedingungen durchaus ein aussagekräftiges Signal sein. Auf Dauer ist die Enthaltung vom Wählen aber ein problematischer Ausdruck von Gleichgültigkeit gegenüber der Einflussmöglichkeit des Bürgers oder sogar eine stumme Distanzierung vom gesamten »System«. Deshalb muss eine sehr niedrige Wahlbeteiligung auch immer ein Alarmzeichen für die politisch aktiven Verantwortlichen und Kräfte (Parteien) sein. Eine Pflicht zu wählen besteht dennoch allenfalls moralisch; rechtlich wäre sie einigermaßen problematisch, vor allem dann, wenn die Regeln es nicht zuließen, auch einen unausgefüllten Wahlschein abzugeben.

Hier wird eine Problematik sichtbar, die auch die anderen Grundrechte betrifft: Sie sind fast alle als subjektive Anspruchsrechte ausformuliert und rechtlich garantiert. Dass sie aber in einem Gemeinwesen nur funktionieren können, wenn die Bürger und Bürgerinnen von diesen Rechten nicht ausschließlich zu ihrem eigenen Vorteil Gebrauch machen, sondern auch dem Gemeinwesen etwas zur Verfügung stellen. Das liegt zwar irgendwie auf der Hand (einem Recht muss logisch eine Pflicht entsprechen), gerät aber in einer rein rechtlichen Betrachtung und häufig auch im politischen Ringen leicht außer Betracht. Grundrechte und Menschenrechts-Kataloge thematisieren die Pflicht-Dimension nur sehr sparsam.[82] Trotzdem lebt die Rechtsgemeinschaft davon, dass die große Mehrheit der Bürger und Bürgerinnen sich

---

82 Deshalb hat es in den letzten Jahrzehnten immer wieder Bestrebungen gegeben, die prominenten Menschenrechts-Kataloge durch Listen von Menschenpflichten zu ergänzen. Als Beispiel dazu etwa: Thomas Hoppe (Hg.), Menschenrechte – Menschenpflichten. Beiträge eines gemeinsamen Symposions der Deutschen Kommission Justitia et Pax und der Wissenschaftlichen Arbeitsgemeinschaft für weltkirchliche Aufgaben 1998 in Köln, Bonn 1999. Einer der Initiatoren und Berater des Projekts war Hans Küng mit seinem

fraglos und mit innerer Akzeptanz verpflichtet fühlt, ihre Steuern zu bezahlen und die geltenden Gesetze einzuhalten.

Bis vor kurzem gab es (und gibt es immer noch im Krisen- und Verteidigungsfall) außerdem eine gesetzliche Pflicht zum Wehr- bzw. Kriegsdienst. Als Alternative zu dieser wird von verschiedenen Seiten[83] der Vorschlag gemacht, neben den schon existierenden Freiwilligen-Diensten eine allgemeine verpflichtende Dienstzeit für die Gesellschaft einzuführen. Hintergrund dieses Vorschlags ist die Beobachtung, dass in der modernen Gesellschaft viele herkömmlichen Strukturen der Solidarität brüchig werden. Die Einführung einer *sozialen Pflichtzeit* könnte aber auch ein Gewinn für die Einzelnen sein, insofern sie allen Bürgern und Bürgerinnen schon gleich nach dem Erwachsen-Werden einen Einblick in eine ganz andere Lebenswelt ermöglichen würde. An einem für die Einführung einer solchen Pflichtzeit notwendigen breiten politischen Konsens muss freilich noch intensiv gearbeitet werden.

Für Handlungen des *Protests*, des *zivilen Ungehorsams* und im Ausnahmefall sogar des *Widerstands* (Art. 20 GG!) reicht es nicht aus, dass ein einzelner Bürger oder eine einzelne Bürgerin anderer Meinung oder Überzeugung ist als die anderen oder die Mehrheit. Moralisch braucht es hierzu vielmehr die Gewissheit, dass grundlegende, verbürgte Rechte dauerhaft und systematisch verletzt werden und die Verfassung insgesamt ausgehebelt wird und sämtliche Möglichkeiten, Abhilfe dagegen zu schaffen (Anrufung von Gerichten, Gründung einer Partei, Organisation von Demonstrationen usw.), ausgeschöpft sind.

In den letzten Jahren war viel von der *Zivilcourage* als neuer grundlegender Bürgertugend die Rede. Dieser Begriff ist eine seit

---

Versuch, ein gemeinsames »Welt-ethos« zu formulieren (unter http://www.weltethos.org.).
83 Zuletzt vom deutschen Bundespräsidenten Walter Steinmeier. Der Wortlaut ist dokumentiert in der Frankfurter Allgemeine Zeitung Ausgabe vom 26.05.2023, 8.

V. Neue Akzente in der Alltagsmoral

hundert Jahren belegbare, als Gegensatz zu dem im kämpferisch-militärischen Milieu beheimateten Ideal männlicher Tapferkeit verstandene Neubildung. Sie möchte den aktiven Zug des Bürger-Seins bewusst machen: Ein guter Bürger zu sein beschränkt sich nicht auf die Rolle des Zuschauers und sich verwalten Lassenden, sondern umfasst auch das aktive Hinschauen auf das, was in der unmittelbaren Umgebung und im öffentlichen Raum passiert; er soll sich einmischen, wenn Unrecht geschieht und wenn Schwächere übervorteilt werden, zum Beispiel wenn alte Menschen von Gangs bedroht, junge Frauen von Männern belästigt oder Menschen anderer Hautfarbe gemobbt oder Unterkünfte von Geflüchteten angegriffen werden.

Wo immer in der Lebenswelt und auch in der Öffentlichkeit sichtbar Unrecht geschieht, soll es nicht hingenommen, sondern entschlossen ein Stoppschild gezeigt werden. »Zivilcourage« ist der Inbegriff dessen, was im Alltag und von Seiten der ganz »normalen« Bürger und Bürgerinnen an Einmischung und Widerspruch notwendig ist, damit das Zusammenleben in Gesellschaft und Staat nicht beschädigt oder ausgehöhlt wird. Es setzt eine Kultur des Hinschauens voraus und die Bereitschaft, aus eigener persönlicher Verantwortung zum Helfer zu werden. Wie alle Tugenden ist auch Zivilcourage eine Haltung, die man nicht einfach hat, sondern die man sich erst erwerben und die man trainieren muss. Sie setzt Wachheit des Geistes und Denkens voraus und orientiert sich nicht vornehmlich und zuerst an den Erwartungen der Anderen sowie an Vorschriften. Zivilcourage besagt deshalb oft: Mut zum eigenständigen Denken und Urteilen sowie Mut zur Kritik dort, wo man mit Widerspruch aus Angepasstheit oder Bequemlichkeit rechnen muss. Wichtig sind die kleinen Formate des Widerspruchs in Gestalt von Nonkonformismus, Unerschrockenheit, Ironie und Gesten der Solidarität, die im Alltag stattfinden und realisiert werden können.[84]

»Nach bestem Wissen und Gewissen«. Wissenschaft als Beruf

Auch die vielfach differenzierte und in Wissen und Können hochspezialisierte »Welt« der beruflichen Tätigkeiten ist ein wichtiger Teil des Alltags und übt ihrerseits Einfluss auf den Alltag fast aller Menschen aus. Das ist für die, die eine Berufstätigkeit ausüben, selbst eine alltägliche Binsenweisheit. Der Einfluss besteht aber nicht nur in der Weise, dass die Rhythmen, Belastungen und Gratifikationen für die Berufstätigen den Alltag strukturieren und bis ins Denken und Wahrnehmen hinein durchdringen, so dass man manchmal geradezu von einer déformation professionelle spricht. Vielmehr sind auch in umgekehrter Richtung viele berufliche Tätigkeiten bei denen, die sie ausüben, auf eine alltagsmoralische Basis angewiesen, damit sie konsequent und lege artis, das heißt: nach dem augenblicklich bestmöglichen Wissens- und Könnensstand praktiziert werden können.

Naheliegenderweise und zugleich exemplarisch soll das in diesem Kapitel an der Profession des Autors – nämlich Wissenschaftler – illustriert werden. Das Interesse richtet sich dabei weder auf die spezifischen Inhalte einer Fachdisziplin noch auf die institutionellen Einrichtungen und verfahrensmäßigen Abläufe der wissenschaftlichen Tätigkeit und Qualifikation, sondern auf die Grundhaltungen, die so fest und substantiell zur Ausübung dieses Berufs gehören, dass ihr Fehlen oder ihre Vernachlässigung die Wissenschaftlichkeit in jeder Fachrichtung bedrohen und angreifen würden. Mag sein, dass diese persönliche Engagiertheit, Freu-

---

84 Näheres dazu in: Konrad Hilpert, Ethik des glückenden Lebens. Perspektiveröffnungen, Freiburg i. Br. 2018, 226–240.

V. Neue Akzente in der Alltagsmoral

de und auch Leidenschaftlichkeit im Doppelsinn der deutschen, manchmal emphatisch gegen einen bloßen »Job« abgegrenzten Bezeichnung »Beruf« – Professionalität im Können und persönliche Leidenschaftlichkeit – an- und nachklingt.[85] Danach ist Wissenschaft als Beruf auch ein Teil der moralisch grundierten Lebensführung des Wissenschaft Treibenden und nicht nur der Ort für geniale Einfälle und Analysen sowie der gesellschaftliche »Speicher« für die akkumulierten Erkenntnisse, die gewonnen wurden.

Die entscheidenden Komponenten dieser Grundhaltung einer beruflichen Ausübung von Wissenschaft sind vor allem: bleibende *Neugierde*, Streben nach *Sachlichkeit*, *Uneigennützigkeit* und *Unbestechlichkeit*, unbegrenzte *Bereitschaft zur Korrektur* und die *Transparenz* im Hinblick auf die eigene und die Leistung anderer. Dazu eine kurze Erläuterung.

Wer – auf welchem Gebiet auch immer – wissenschaftlich arbeiten möchte, muss *staunen* können und mehr wissen wollen als sich ihm durch die sinnliche Wahrnehmung aufdrängt; er muss Fragen stellen und ihnen nachgehen wollen, stets bereit, »hinter« und »durch« das vordergründig so Erscheinende und das bloß Vorhandene zu schauen, sich für Zusammenhänge und Wechselwirkungen interessieren, Vermutungen anstellen und sie zu bestätigen oder zu widerlegen suchen. In der Realität stellen sich solchem Drang zu mehr Erkenntnis und besserem Wissen aber immer wieder auch Konventionen, Bequemlichkeiten, soziale Schranken oder religiöse Regeln entgegen. Diese können symbolisch »aufgeladen« sein oder aber auf Gedankengängen beruhen, die sich unter stark veränderten Bedingungen als fragwürdig erweisen und sich unter dem Druck von Evidenzen, Argumenten und kollektiven Erfahrungen als nicht haltbar erweisen (wie beispielsweise historische Vorbehalte gegen die Sektion von Leichen

---

85 Vgl. dazu den berühmten Vortrag von Max Weber, Wissenschaft als Beruf aus dem Jahr 1917 (im Folgenden zitiert nach der Reclam-Ausgabe: Stuttgart 2010), 11.

und die Wirkung von Impfungen) oder aktualisierenden Interpretationen zugeführt werden müssen.

Des Weiteren ist wissenschaftliches Erkennen nur möglich durch die disziplinierte Konzentration auf die Sache selbst. Sie weiß sich zur *Objektivität* verpflichtet; emphatisch ist von der Suche nach Wahrheit die Rede. Das heißt für das methodisch vorgehende und erkennende Subjekt größtmögliche Unvoreingenommenheit, und hinsichtlich anderer kompetenter Personen Nachvollziehbarkeit der Argumente und gegebenenfalls Korrekturbedürftigkeit eigener Wissensstände. Auch Wissenschaftler sind in der Praxis – das zeigen die Verwicklungen vieler Wissenschaftler in der NS-Zeit – keineswegs davor gefeit, verführt zu werden, Sympathien, Opportunismus und vor allem dem Druck von Mächtigen in Politik, Wirtschaft oder in der öffentlichen Meinung nachzugeben oder persönliche Eitelkeiten zu bedienen. Verpflichtung zur Uneigennützigkeit und Unbestechlichkeit bei der Suche nach Erkenntnis verstehen sich von selbst. Die genuine Aufgabe des Wissenschaftlers besteht darin, sich die nach Prüfung alles zugänglichen Wissens bestmögliche Erkenntnis zu eigen zu machen und weiterzugeben, und nicht das Stellungbeziehen im Streit der politischen Meinungen oder gar das Empfehlen oder Überreden zu politischen Positionen. Der echte (Hochschul-)Lehrer wird sich hüten – so Max Weber in dem zitierten Vortrag – »vom Katheder herunter ihm [sc. dem Hörer] irgendeine Stellungnahme, sei es ausdrücklich, sei es durch Suggestion [...] aufzudrängen«[86]. Dass er sich, dann aber in erkennbar anderen Rollen als derjenigen des Wissenschaftlers, politisch und kulturell engagieren kann, ist nicht ausgeschlossen, aber gleichsam sekundär.

Und wissenschaftliches Erkennen setzt die Bereitschaft voraus, vertraute Meinungen und erworbene Wissensstände zu korrigieren, und zwar unbegrenzt. Anders als eine Komposition von

---

86 Ebd. 29.

V. Neue Akzente in der Alltagsmoral

Johann S. Bach oder ein Bild von Leonardo da Vinci oder eine Plastik von Henry Moore unterliegen die Erkenntnisse der Wissenschaft dem Prozess des Veraltens und Überholt-werden-Könnens durch neue Erkenntnis. Es gibt hier keine letzte Sicherheit und keine Endgültigkeit, sondern immer nur einen jeweils besten Stand. Das kann für den, der Wissenschaft betreibt, schmerzlich und unangenehm sein. Und die Folgen für Politik und Organisationen, die sich auf wissenschaftliche Erkenntnisse stützen, können arbeitsaufwändig und teuer sein. Dazu wiederum Max Weber sehr anschaulich: »Jeder von uns [...] in der Wissenschaft weiß, dass das, was er gearbeitet hat, in 10, 20, 50 Jahren veraltet ist. Das ist das Schicksal, ja: das ist der Sinn der Arbeit der Wissenschaft. Dem sie [...] unterworfen und hingegeben ist; jede wissenschaftliche »Erfüllung« bedeutet neue »Fragen« und will »überboten« werden und veralten. Damit hat sich jeder abzufinden, der der Wissenschaft dienen will. Wissenschaftliche Arbeiten können gewiss dauernd, als »Genussmittel« ihrer künstlerischen Qualität wegen, oder als Mittel der Schulung zur Arbeit wichtig bleiben. Wissenschaftlich aber überholt zu werden, ist [...] unser aller Zweck. Wir können nicht arbeiten, ohne zu hoffen, dass andere weiterkommen werden als wir.«[87]

Wissenschaft ist also im Grunde ein fortdauernder Prozess und Progress des Erkennens; und der einzelne Wissenschaftler mit seinen denkerischen Fähigkeiten ist nur ein zeitweiser Teilnehmer und ein namentliches Subjekt innerhalb dieses großen Stroms des Erkennens und Wissens, der sich über die Jahrzehnte und Jahrhunderte ergießt. Das bedeutet aber auch, dass jeder Wissenschaftler mit seinen Erkenntnissen auf den Erkenntnissen anderer vor und neben ihm aufbaut, sie verwendend, sie verstehend sich aneignend und fortentwickelnd, sie erhärtend oder aber korrigierend. Deshalb gehört es auch zur Redlichkeit dieses Treibens, die Anteile dieser Anderen am eigenen Erkenntnisprozess kenntlich zu machen.

---

87 Ebd. 17.

In den letzten drei Jahrzehnten hat die Aufmerksamkeit und Sensibilität für entsprechende Verfehlungen enorm zugenommen: Als *Plagiate* charakterisiert man das Vorgeben fremder Erkenntnisse bzw. deren Formulierung als eigene. In den empirischen Wissenschaften kann es vorkommen, dass Messergebnisse von Experimenten in Richtung erwünschter Ergebnisse »geschönt« werden, was nichts anderes ist als eine Art der *Fälschung*. Institutionell werden deshalb seit Jahren viele Anstrengungen unternommen, das Gespür für die Notwendigkeit von Transparenz in die Betreuung von Wissenschaftlern zu implementieren.[88] Diese Anstrengungen werden ergänzt durch die Androhung von Sanktionen, die Einrichtung von Beschwerdestellen und das Angebot von Kontrollinstanzen.

In der deutschen Universitätstradition ist das Verständnis des forschenden Wissenschaftlers eng verknüpft mit der *Rolle des Lehrers*. Insofern ist es für das Bild vom Wissenschaftler im Kontext von Institutionen der Bildung auch von substantieller Bedeutung, dass er Interesse und Wohlwollen für die jungen Menschen aufbringt, die von ihm ausgebildet werden und zum selbständigen Denken und Urteilen herangeführt werden sollen. Sogenannte Nachwuchsforscher und -forscherinnen sollen angeregt, gefördert und ermutigt werden und darüber hinaus Aufmerksamkeit und Beratung erfahren

Schließlich verpflichtet die Tatsache, dass die Wissenschaftler und auch die für ihre Arbeit notwendige Substruktur (Gebäude, Bibliothek, Labore, Verwaltungen usw.) von den Steuern aller Bürger bezahlt werden, die Wissenschaft-Treibenden auch dazu, *gegenüber der Öffentlichkeit Auskunft* über ihre Forschung und ihre Projekte zu geben und zugleich Expertise für die Beratung

---

88 So die Denkschrift der Deutschen Forschungsgemeinschaft »Vorschläge zur Sicherung guter wissenschaftlicher Praxis. Empfehlungen der Kommission »Selbstkontrolle in der Wissenschaft« von 1998 (online unter: http://www.dfg.de/aktuelles_presse/reden_stellungnahmen/download/empfehlung_wiss_praxis_0198.pdf.).

von wichtigen Zukunftsfragen zur Verfügung zu stellen. Das ist ein Teil ihrer gesellschaftlichen Verantwortung, die außerdem den bewussten und kontrollierten Umgang mit dem gewonnenen Wissen, die Fragen der gesicherten Anwendung und die Weigerung, sich für politische Aktionen und Strömungen einspannen zu lassen, gehören.

Für die Wissenschaftler in Medizin, Natur- und Sozialwissenschaften, deren Forschung auch Experimente und Befragungen von Personen umfasst, sind zusätzliche Maßnahmen und Regeln am Platz, die Schutz und einen respektvollen Umgang mit diesen Personen sicherstellen.

Aus dem Informations- und Machtgefälle, das mit komplexem Expertenwissen verbunden sein kann, ergeben sich weitere Anforderungen an die Persönlichkeit des Wissenschaftlers. Eine wichtige davon ist *Nüchternheit*. Die verlangt u.a., dass beim Errichten und Beantragen von Forschungshorizonten, die in die Zukunft vorgreifen, nicht zu viel versprochen wird, was Aussichten auf Heilung, Hilfe und Lösung großer Menschheitsprobleme betrifft.

Soziale Netzwerke und Transformation des Alltags

Lautlos sind das eigene Smartphone und der Laptop zum festen Bestandteil der Alltagswelt fast aller – der Jungen ohnehin, aber auch der Älteren – geworden. Sie sind nicht nur bequeme und infolge ihrer Handlichkeit ständig und überall präsente und benutzbare technische Werkzeuge, um in Windeseile benötigte Informationen zu bekommen und jegliche Art von Konsumartikel zu bestellen, sondern sie sind auch Stütz- und Knotenpunkte der alltäglichen Kommunikation mit Freunden, Angehörigen, Mitarbeitern und zunehmend auch den zuständigen Personen in den Behörden und Dienststellen. Sie sind quasi die Filialen riesiger Online-Netzwerke, an denen sich inzwischen fast alle beteiligen. Ohne sie würde im Alltag vieles gar nicht mehr funktionieren. Sie

Soziale Netzwerke und Transformation des Alltags

dienen zum umgehenden und zielsicheren Auffinden von Wohnorten, Geschäften, Adressen, Wegen und Personen. Mit ihnen werden Nachrichten, Fotos und Videos aller Art verschickt. Über sie werden Gefühle gepostet und Ereignisse kommentiert, Aufforderungen erteilt, Verabredungen getroffen und Veranstaltungen beworben.

Das alles kann zweifellos den Alltag und die darin anfallenden Notwendigkeiten unterstützen. Es verändert ihn aber auch, weil es die *Kommunikation verändert*. Sie wird schneller, kürzer und direkter, als dies im Nahbereich möglich, auf jeden Fall aber ohne diese Geräte üblich war. Neben den positiven Effekten treten deutlich auch negative in vielfältiger Gestalt auf: Stalking und Mobbing, sexuelle Belästigung, Beschimpfungen, Hassbotschaften und Drohungen, Beleidigungen übelster Art können jeden und jede treffen, auch schon Gleichaltrige im Grundschulalter, erst recht Träger eines öffentlichen Amtes und Mitarbeiter öffentlicher Dienste, Abgeordnete und Prominente, die in der Öffentlichkeit ihre Meinung geäußert haben. Jeder und jede hat die Möglichkeit, Teil der virtuellen Öffentlichkeit zu werden, sich in Szene zu setzen und Kommentare, Empfindungen oder Empfehlungen abzugeben und sich als »Influencer« zu betätigen, wenn er dafür »Follower« findet.

»Verantwortlich« für die weitreichenden Veränderungen von Informationsverhalten, Meinungsäußerungen, Unmengen von Bildern und Daten sind vier strukturelle Eigenheiten der digitalen Kommunikation: die Schnelligkeit, die enorme Ausweitung und Vervielfachung des Adressatenkreises, die Anonymität und die Vereinfachung der Informationen mittels Kürze und Verbildlichung. *Geschwindigkeit* und *Vervielfachung der Adressatenschaft* werden besonders anschaulich im Phänomen des Shitstorms, das sich an jeder verunglückten Geste oder Pose einer prominenten Person innerhalb von Minuten entzünden kann. *Anonymität* und nicht identifizierbar gemachte Namen können zum geschützten Raum für Beleidigungen und Entstellungen, für Beschimpfungen und Verleumdungen gemacht werden, ohne dass jemand dem

V. Neue Akzente in der Alltagsmoral

wirksam Einhalt gebieten oder Gepostetes zurückholen könnte. In Kommentaren zu öffentlichen Ereignissen werden nicht selten Künstler, Politiker, aber auch Polizeibeamte und Helfer auf unflätige und für große Teile der Bevölkerung unverständliche Weise angepöbelt. Kaum jemand würde sich in der Face-to-face-Konstellation oder in einer mündlichen oder brieflichen Mitteilung Ähnliches erlauben, weil er sofort mit heftigen Reaktionen rechnen müsste. Nicht selten berufen sich Verteiler derartiger Herabsetzungen oder falscher Behauptungen auf das Denken und Empfinden der Mehrheit der »normalen« Bürger oder »des« Volkes. Sie erwecken den Eindruck, auf der richtigen, moralisch eindeutig besseren Seite zu stehen. Bilder sind häufig schon an sich dichter und im Vergleich zur worthaften Mitteilung einfacher. Zudem kann man sie nicht nur beliebig »teilen«, sondern auch mit technischen Mitteln »bearbeiten«, mit anderen Bildern wahrheitswidrig kombinieren und so in ihrer Aussagekraft verfälschen und »faken«. Dann verlieren sie ihre Rolle als Zeugnisse und werden zu Werkzeugen von Hetze und Drohung.

Der große Gewinn der Informations- und Kommunikationstechnologien ist die die zunehmende Verbindung der Menschen auf der ganzen Welt untereinander und die Vernetzung zwischen Menschen, Maschinen und Dingen. Nichts illustriert diese sogenannte *Konnektivität* deutlicher und besser als das täglich benutzte und unentbehrlich gewordenen Internet.

Erst nach und nach wächst in der Gesellschaft das Gespür dafür, dass die private Nutzung der neuen Möglichkeiten durch die unzähligen Einzelnen auch Grenzen überschreiten kann, was durchaus problematisch ist, weil die Überschreitungen zu Lasten von Betroffenen und der Achtung der Menschenwürde gehen. Herstellung und Verbreitung von *Kinderpornografie* auf der einen Seite und das Traktieren einzelner Personen und Gruppen mit bestimmten Merkmalen mit *Hassmails* vieler auf der anderen sind derzeit Phänomene, anhand derer in der Gesellschaft nach möglichen Grenzen der digitalen Kommunikation gesucht wird.

Dass deren Potenzial auch durch Autokraten, rechte Regierungen und identitäre Strömungen ausgenutzt wird, um demokratische Legitimation zu untergraben, Polarisierungen zu vertiefen und Einfluss auf die öffentliche Meinung zu erlangen, ist offensichtlich, bedarf aber vor allem politischer Gegenmaßnahmen. Freilich sollte sich der sogenannte normale Bürger bei der Nutzung der neuen technik-unterstützten Formen der Kommunikation eine kritische Grundhaltung bewahren und sich bemühen, über die Mechanismen, Funktionsweisen und problematischen Folgewirkungen im Bilde zu bleiben, damit er auch mit der eigenen Nutzung an der Steuerung der Gesellschaft partizipiert. Überlegungsfristen bei gesetzlichen Regelungen, intensive Debatten zur Willensbildung und Ruhetage lassen sich als Elemente der politischen Kultur und Meinungsbildung auf Dauer nur rechtfertigen, wenn eine große Mehrheit der Bürgerinnen und Bürger dies zu schätzen weiß und sie sich nicht als umständliche oder gar gestrige Umwege madig machen lässt.

Balancen und Rhythmen der Zeit herstellen

Für das Gros der Menschen, die in den besten Jahren stehen, sind die berufliche Arbeit einerseits und die familiären Verpflichtungen andererseits die Faktoren, die ihren Alltag am stärksten bestimmen und ihm feste Strukturen geben. Beide beanspruchen viel Zeit und sind mit strikten Verbindlichkeiten oder sogar Zwängen verknüpft, die organisatorisches Geschick, Leistungseinsatz, Abstimmung und soziale Disziplinierung verlangen. Obendrein setzen sie einen ständig dem Vergleich mit anderen aus. Von der beruflichen Arbeit hängen das Einkommen und die Qualität des Wohnens, ja der gesamte Lebensstil ab. Bekanntlich kann der Lebensstandard auch ein Schlüsselfaktor im Bildungsweg der Kinder sein, positiv-ermöglichend genauso wie auch negativ-erschwerend.

V. Neue Akzente in der Alltagsmoral

Trotz dieser dominierenden Rolle von Beruf, Arbeit und Familiennotwendigkeiten gibt es auch die »andere Zeit«, die – genau besehen – einen erheblichen Teil der Zeitmenge einnimmt und fast immer positiv besetzt ist, nämlich die *freie Zeit*. Sie besteht nicht nur aus Ruhezeit zur Rekonvaleszenz, sondern auch aus »Freizeit«, die nach eigenen Vorstellungen gestaltet werden kann: als Hobby, als Unterhaltung, als Sporttreiben, als Reisen, als ehrenamtliche Tätigkeit in Vereinen, als Nachholen von Bildung oder als Erwerb beruflicher Zusatzqualifikation oder Umsetzen von sonst etwas, was für die eigene Persönlichkeit und deren Wachstum wichtig oder wohltuend geschätzt wird.

Zwischen der beruflichen Arbeit auf der einen Seite und der Freizeit am sogenannten Feierabend, am Wochenende und im Urlaub auf der anderen soll eine ausgewogene Balance bestehen – das ist der intensive Wunsch vieler. Diese Balance ist für sie ein wesentlicher Teil der Lebensqualität, weil die Gestaltung der freien Zeit, selbst wenn die ihrerseits in unermüdlichem Tätigsein im Garten, in der eigenen Werkstatt oder im sportlichen Training besteht, Ausgleich für die Stunden der Sachzwänge, des Leistungsdrucks, des Konkurrierens und des Fremdbestimmt-Werdens bedeutet. Andererseits birgt sie Potenzial für eigene Kreativität und bietet mancherlei Gelegenheiten, Seiten und Begabungen, die im Beruf nicht oder wenig gefragt sind, auszuleben und lassen dadurch Sinn und Selbstbestimmtheit erleben. In zahlreichen Studien ist festgestellt worden, dass die richtige *Work-Life-Balance* für die nachwachsenden Generationen immer wichtiger wird und Vorrang hat vor der Maximierung des Verdienstes, die für die älteren Generationen noch im Vordergrund ihres Bemühens stand. Ob sie in der eigenen Lebensgestaltung nur ein Wunsch bleibt oder auch die Chance bekommt, ein Faktor der Gestaltung zu sein, ist nicht zuletzt eine Frage des Maßhaltens.

Die Suche nach der angemessenen Balance zwischen Arbeitszeit und Freizeit wird konkret umgesetzt durch die *Rhythmisierung der Zeit*. Neben dem kosmisch vorgegebenen Schema des Wechsels von Tag und Nacht, das trotz der Ausdehnung des

Tags in den Abend mithilfe einer gigantischen Lichtindustrie und durch die Reduktion der Tages- und Wochenarbeitszeit im Gefolge sozialer Kämpfe in der Substanz fortbesteht, ist eines der ältesten und bewährtesten kulturellen Schemata hierfür die Unterteilung in Wochen mit sechs Werktagen und einen Ruhetag bzw. in moderner Weiterentwicklung in fünf oder viereinhalb Arbeitstage und das sogenannte Wochenende. Diese Periodisierung ist ein Erbe der jüdischen Religion mit der Einrichtung des Sabbats für alle, die im Christentum schon in der Spätantike auf den ersten, dem Sabbat folgenden Wochentag (»Sonntag«) übertragen wurde. In der Breite der gesellschaftlichen Praxis der westlichen Länder hat sich die ursprüngliche Sinngebung des Sonntags bzw. des diesen erweiternden Wochenendes vom (Aus)Ruhen (von) der Arbeit samt der Dankfeier an den Schöpfer hin zum Erleben-Dürfen von privat veranstalteten oder gemeinschaftlich organisierten Events verschoben. Aber selbst hierbei wird die Kontrastierung mit der Art, wie die Tage der Werktätigkeit erlebt werden, gesucht; doch geht es weniger um Erholung und Rekreation als um Möglichkeiten beglückender Erfahrungen, Erleben von Gemeinschaft, Ekstase und Experiment. Es ist ein Zeitraum, in den viele Akteure paradoxerweise viel Energie und Konzentration investieren. Die Folgen erstrecken sich nicht selten bis in die anschließenden Tage.

Zu einem ausgeglichenen Rhythmus von Arbeitszeit und freier Lebenszeit gehört heute auch der vertraglich garantierte *Urlaub*. Konkret gibt es diesen in der Form von längeren Ferien und in der Form von Kurzurlauben, die an Feiertage angelagert werden. Die ausgedehnteren Ferien dienen am ehesten der Erholung und der Intensivierung des Familienlebens, das sonst durch die Schulpflichtigkeit der Kinder und die Zwänge des Berufs (der Berufe) der Eltern nicht möglich ist. Dazu kommt das touristische Interesse, in Verbindung oder anstelle von Erholung fremde Länder, Orte, Landschaften, deren Bewohner mit ihren Sitten kennenzulernen. *Reisen* bildet, weil es den Horizont des Reisenden erweitert

V. Neue Akzente in der Alltagsmoral

und die vertrauten Routinen und Selbstverständlichkeiten relativiert. Wo, wenn nicht hier, können Neugier auf und Verständnis für das Fremde wachsen und gepflegt werden?[89]

In der Wertschätzung der Freizeit in all ihren Gestalten sowohl des Feierabends als auch des wöchentlich wiederkehrenden Sonntags wie auch des jährlichen Urlaubs spielt heute auch das Stichwort »*Entschleunigung*« eine immer wichtigere Rolle. Damit wird ein Bedürfnis und geradezu eine Sehnsucht begrifflich eingefangen, die im Kontrast zu der allenthalben gefühlten »Beschleunigung« von Entwicklungen, Veränderungen, technologischen Innovationen, Abläufen und Zwängen steht und von den einzelnen Subjekten, jedenfalls von vielen, als ständige »Getaktetheit«, als »permanenter Stress«, als »Getrieben-Sein«, als »Hektik« und »Verfügt-Werden« und als daraus resultierende ständige Zeitknappheit erlebt wird. Die mit der Freizeit verbundene Möglichkeit, sich Dinge und Vorgänge entfalten zu lassen, wird vor diesem Hintergrund als wohltuend oder sogar ausgesprochen heilsam erfahren. Vergleichsweise einfache und urtümliche Tätigkeiten wie Schwimmen, Sich-treiben-Lassen, Spielen, Lesen, gemeinsam sich etwas gründlich Anschauen, Natur, Berge, Flora, aber auch Kunst- oder Bauwerke, Wandern mit Rucksack, das Picknick in der freien Natur werden gesucht und als Rückkehr vom strapazierten und entfremdeten zum eigentlichen Selbst empfunden. Dahinter steckt auch das durch das hohe Tempo und die Rastlosigkeit provozierte Bedürfnis nach Langsamkeit und Verweilen-Können. Vielleicht auch das Vermissen des still eingetretenen Verlusts von Muße als einem Ideal des Lebens und als Element einer zivilisierten Gesellschaft, in der das allerdings stets nur für einen Teil der Menschen realisierbar war, so dass der große »Rest« dies als Privileg empfinden musste.

---

89 Dazu beispielsweise der Essay von Klaus Kufeld, Reisen. Ansichten und Einsichten, Frankfurt a. M. 2007, der den Gewinn des Reisens darin sieht, dass der Reisende vom wahrnehmenden Zeugen zum verstehenden Teilnehmer wird.

Dennoch ist nicht zu übersehen, dass die Eigendynamik der Optimierung von Wirtschaft, Finanzwesen, Globalisierung und entsprechend von Kommunikation und Unterhaltung gerade in diesen Arealen nicht funktionalisierter Zeit eine Ressource sieht und sie für ihre Interessen zu nutzen strebt. Während sich diesem Drängen im Fall von Feierzeit und Jahresurlaub durch Eingehen auf individuelle Wünsche und Bedürfnisse entgegenkommen lässt, ist das Standhalten dagegen dort schwierig, wo die »*Unterbrechung*« des vom Arbeiten und Wirtschaften bestimmten Takts institutionell und für alle geregelt ist, also beim Wochenende und bei den Feiertagen. Unter dem häufig nur vordergründigen Argument, Sonn- und Feiertage einschließlich der sogenannten stillen Tage seien überholte Relikte aus einer Zeit, in der die christliche Religion die Gesellschaft in allen Bereichen bestimmt habe, stehen vor allem die Sonn- und Feiertage seit Jahren unter dem »Beschuss« von Kräften, die seinen gesetzlichen Schutz »lockern« oder »liberalisieren« wollen oder Anlässe und Sinngebung solcher besonderen Tage diskreditieren. Dabei ist nicht die Verringerung der Freizeit angezielt, sondern die Steigerung der Effizienz von Handel und Produktion durch deren Deregulierung bzw. Entschränkung. Der *Sonntag* »als gemeinsamer Feiertag ist das, was der Transformation [...] in eine individualistische Produktions- und Konsumgenossenschaft im Wege steht«[90].

Spiritualität

Um einem naheliegenden und häufigen Missverständnis vorzubeugen: In diesem Kapitel mit der Überschrift »Spiritualität« soll es nicht um die Darstellung eines bestimmten Glaubens im Sinne der Darlegung und Entfaltung eines Bekenntnisses einer

---

90 Robert Spaemann, Jenseits der alltäglichen Sachzwänge. Warum der Sonntag geschützt bleiben muss, in: Herder Korrespondenz 42 (1988), 431–434, hier: 432.

V. Neue Akzente in der Alltagsmoral

fest verfassten Glaubensgemeinschaft und/oder eines Sets von Lebensformen und Riten gehen, mit deren Hilfe der bekannte Glaube begleitet, ausgedrückt, überliefert und weiterentwickelt wird.

Zweifellos ist auch die organisierte und institutionell verfasste Religion auf Spiritualität angewiesen, wenn sie nicht erstarren soll. Und umgekehrt braucht Spiritualität, wenn sie sich in Lebenszusammenhänge einwurzeln und ein prägender Faktor sein soll und sich nicht in Spontaneität und formloser Gefühligkeit erschöpfen soll, als stabile Kulturumgebung und disziplinierendes Widerlager formierte Gemeinschaften und ein Minimum an Regeln. Kreativität und inhaltsfreie »Begeisterung« allein »verpuffen« im Lauf schon weniger Jahre.

Es geht im Folgenden aber bescheidener »nur« um den subjektiven Ort und Zugang zum Phänomen des Glaubens und Glauben-Könnens im alltäglichen Leben der Individuen, um die Punkte einer Transparenz, die nach »mehr« und nach dem »Ursprung« hinter und unter und jenseits des Alltäglichen, Gegebenen, nur an der Oberfläche Wahrgenommenen und sich stets Wiederholenden fragen lässt.[91]

Eine solche Einsatzstelle von Transparenz ist das *Staunen und Nachdenken* über das, was ist. Das fängt bei der eigenen Existenz an und geht weiter beim Staunen, dass die Dinge da sind, und erstreckt sich bis zum Sich-Wundern über das Vorhanden-Sein der Welt im Ganzen. Man wird sich selbst staunenswert, sobald man entdeckt, dass man sich in seinem Dasein geschenkt ist. Und zwar so sehr, dass man, wenn man sich töten würde, nicht sich selbst wieder ins Leben zurückbringen könnte.

---

91 Zum Spannungsverhältnis zwischen Alltagserfahrung und Spiritualität finden sich anregende Beobachtungen und Anstöße bei Bernhard Casper, Alltagserfahrung und Frömmigkeit, in: Christlicher Glaube in moderner Gesellschaft, Teilbd. 25, Freiburg 1980, 39–72, sowie: Alltagserfahrung und Glaubenserfahrung, in: Diakonia 15 (1984), 292–303.

Spiritualität

Eine mögliche Antwort auf diese Erfahrung von Geschenkhaftigkeit des eigenen Daseins und der Welt im Gesamten ist die *Dankbarkeit*. Sie ist aktiver Ausdruck des Staunens, das nach Sokrates der Anfang der Philosophie ist. Staunen ist das Durchbrechen (bzw. das Zulassen des Durchbrechens) der Evidenz dessen, was ist, also ein Aufbrechen und Hinterfragen des Wahrgenommenen. Gestaunt wird über das, was als gut und wertvoll erfahren wird und als Beeinträchtigung empfunden würde, wenn es fehlen würde. Das, was sich bei gründlicherem Nachdenken als nicht selbstverständlich erweist, und das, wenn es nicht da wäre, keiner menschlichen Instanz gegenüber eingeklagt werden könnte.

Dankbarkeit ist eine Grundhaltung, die wie jede Grundhaltung durch wiederholtes Üben zur guten Gewohnheit wird. Ihr Inhalt ist die Anerkennung der Geschenktheit.

Gläubige Christen deuten das Geschenkte als Gabe Gottes im Kontext des schöpferischen Handelns Gottes. Mit der Deutung als Schöpfung verknüpfen sie neben der Vorstellung des Übereignet-worden-Seins auch den Gedanken des Anvertraut-Seins. In diesem letzten steckt auch das Moment der Verantwortung und der Verpflichtung zur Sorge. Das Geschenkte darf und soll genutzt und benutzt werden, zeigt sich aber letztlich als begrenzt in der Verfügbarkeit wie im menschheitlichen Zugriff.

Spiritualität – ein ursprünglich christlicher, aus der Theologie des Geistes abgeleiteter Begriff (von lat. »spiritus« = Hauch, Atem, Geist, Begeisterung) – bezeichnet eine Lebensführung »aus dem Geist (Gottes bzw. einer höheren Instanz)«, aber wohl bezogen auf das Da-Sein in dieser Wirklichkeit, die Alltäglichkeit eingeschlossen. Wie dieselbe in Träumen erinnert, symbolisch codiert oder phantastisch ausgestaltet oder auch in ihrer Problemhaltigkeit »aufgelöst« werden kann,[92] so kann sie

---

[92] Dazu finden sich anregende Beschreibungen und Überlegungen bei Wilhelm Schmid, Auf der Suche nach einer neuen Lebenskunst. Die Frage nach dem Grund und die Neubegründung der Ethik bei Foucault, Frankfurt a. M. 2000, 366–372 (Kapitel »Die Dimension der Spiritualität«).

V. Neue Akzente in der Alltagsmoral

durch »Transzendieren« überschritten, vertieft und durchsichtig gemacht werden für Erfahrungen einer *anderen Dimensionierung der Wirklichkeit* und für das Sensibel-Werden für *größere Zusammenhänge*, die sich dem raschen und rechnerischen Begreifen, man könnte auch sagen: der gewöhnlichen Sicht, entziehen. Derartige Erfahrungen und Sensibilitäten lassen sich nicht einfach als menschliche Projektionen und unwirkliche Entitäten abtun, sondern sie sind zuerst einmal als Suchbewegungen ernst zu nehmen, die sich staunend und reflektierend, also nachdenklich, mit der Wirklichkeit des Gegebenen nicht begnügen und weitersuchen nach dem Anderen, dem Sinn-Spendenden, dem Zusammenhang Eröffnenden.

Dass viele Glaubende sicher zu sein scheinen, das, wonach sie suchen, gefunden zu haben, und es – verbürgt durch die Kette ihrer Vorfahren, die ihrem eigenen Leben Halt gebenden Erzählungen, Lebensregeln, Feste und Symbole (in modischem Wording: »Narrative«) –, mit konkreten Personen und Lebenssituationen (immer noch) verbinden können, ist ein Teil der aktuellen kulturellen und sozialen Realität. Trotzdem bleibt es subjektiv und existentiell im Status des Suchens und muss deshalb auch immer wieder gegen Irritationen, die aus Bestreitung durch andere wie auch aus wahrgenommener Pluralität herrühren, verteidigt und neu angeeignet werden. Infolgedessen gibt es neben den Menschen, die meinen, genau Bescheid zu wissen über die Gründe und Hintergründe der Wirklichkeit auch viele, die auf der *Suche* sind oder Weltanschauungen oder ausgewählte Teile davon gleichsam experimentell auf ihre Tragfähigkeit *erproben*. Andere, und ihre Zahl nimmt zu, haben noch keine Gewissheiten oder haben sie wieder verloren oder lassen es vorläufig offen, wohin ihr Geist sie treibt.

Die Alltäglichkeit ist nicht nur der Ort, wo Menschen ihre Existenz erfahren, sondern auch der Ort, an dem sie an die *Grenzen* ihrer Vitalität, ihrer Leistungsfähigkeit und ihres intentionalen Gestalten-Wollens geraten können: Der Tod anderer, die sie gut gekannt haben, eigene Krankheit, Unfälle, die Konfrontation mit dem langsamen Verlust jugendlicher Kraft und bewunderter Schönheit lassen sich nur in begrenztem Maß aufhalten und verdecken, wenn sie sich im Alltag bemerkbar machen, selbstverständliche Gewohnheiten in Frage stellen oder an der einen oder anderen Stelle auf den Kopf stellen.

Die Stabilität von Alltagsroutinen kann über viele Jahre oder gar Jahrzehnte eine starke und verlässliche Stütze sein, gerade auch in Phasen der Schwäche und des Angewiesen-Seins auf die Hilfe Anderer. Aber auch sie erweisen sich irgendwann als fragil und brüchig. Der *Tod*, in den letzten Jahren auch Bedrohungen durch Aids und Pandemien, ist einerseits Teil der Normalität und andererseits doch wieder erschütternd bis ins Letzte, wenn er plötzlich und in jungen Jahren eintritt. Sehr wohl ein Bestandteil der Normalität ist das Konfrontiert-Werden mit der eigenen Sterblichkeit bzw. der *Vulnerabilität*. Das stellt jeden Menschen vor Fragen nach dem Wozu und Wofür jenseits der Firnis der Alltäglichkeit und der oft darin fest integrierten Verblendung, dass alles immer so bliebe, wie es gerade ist. Das eigene Leben wie das aller anderen um uns herum wird eines Tages zu Ende gehen – das ist eine Ansage, die vielleicht zeitweise überhört oder ignoriert werden kann. Sie kann freilich auch als Ansporn aufgenommen werden, das eigene alltägliche Leben in die Hand zu nehmen und es bewusster und reflektierter, vielleicht auch sortierter (das soll heißen: nach Prioritäten geordnet) und gegebenenfalls verändert zu leben. Gelegentlich führen auch Erschütterungen, die vom Unglück einer Person in unserer Nähe oder von einer eigenen Erkrankung ausgelöst werden, zu ähnlichen Anstößen, das alltägliche Leben zu verändern oder bewusster zu führen. Das besinnungslose Ignorieren und Verdrängen, ganz zu schweigen von dem infolge der Differenzierung der Funktionen und Professionen eintretenden Unsichtbar-Werden bzw. -Machen des Tods in der Öffentlichkeit machen die alte Aufforderung, stets der eigenen Sterblichkeit und Vergänglichkeit eingedenk zu bleiben, nicht überflüssig.

V. Neue Akzente in der Alltagsmoral

Zugleich bleibt der Tod in seiner Unverhandelbarkeit und Unwiderruflichkeit ein Mysterium. Denn wir wissen nicht, was er als solcher ist, wie er sich für die von ihm Betroffenen »von innen« anfühlt, zu was er möglicherweise ein »Tor« ist, das sich öffnet. Wir kennen dieses nur verschlossen und sehen es bisweilen aufgehen, aber wir können nicht sehen, was sich dahinter auftut. Gewiss gibt es den Glauben an ein verändertes Fortleben und den Glauben an die Auferstehung und ein Leben bei Gott. Aber wir haben dafür nur Bilder und vermögen uns von dem in diesen Bildern chiffrierten Leben keine adäquate Vorstellung zu machen. Was wir aber sehr wohl wissen, ist, dass wir im Tod die Verfügung über uns selbst verlieren und dass wir dann die gelebte Zeit, die wir hatten und gestalten konnten, als sie Gegenwart war, weder zurückholen noch sie verändern und umgestalten können.

Auch die Fehler, die *Versäumnisse* und die *Schuld*, die wir aneinander begangen haben. Unter Umständen bleiben sie weiterhin wirksam – selten in uns selber, aber wohl häufig in anderen, die die Folge- und Spätwirkungen »ausbaden« müssen: in familiären Konstellationen und transgenerationellen Traditionen, in verwandtschaftlichen und nachbarschaftlichen Kontexten, im unbemerkten Fortwirken kultureller Vorurteile, die von anderen als ihr Leben beschneidend oder gar vergiftend empfunden werden. Wir alle sind »Spieler« und »Bediener« solcher Schuld-Weitergabe, in die wir schon hineinsozialisiert wurden, ohne es zu wissen, und von denen wir manche vielleicht irgendwann erkennen und aufarbeiten, andere aber auch gedankenlos übernehmen und selbst weitergeben. Jede Generation hat vieles an der vorausgehenden zu kritisieren, auch innerhalb der eigenen Familien. Und dabei zeigt sich immer wieder, dass vieles von dem, was heute kritikbedürftig erscheint, etwas ist, was gestern – also vor nur zwei oder drei Generationen – Allgemeingut war. Jede Generation bleibt nicht nur im Guten und in dem, was als schätzenswert gilt, »Kind ihrer Zeit«.

Die christliche Theologie hat in früheren Zeiten für diesen Zusammenhang rasch den Begriff der Erbsünde parat gehabt. Sie ist heute vorsichtiger im Gebrauch dieses Begriffs, weil er aus der Vergangenheit und der Geschichte auch mit zahlreichen Missverständnissen belastet ist. Aber dass Schuld aus der Vergangenheit und auch unabhängig von ihren unmittelbaren Verursachern als toxische Realität in der Geschichte von Familien, Milieus und Völkern weiterwirken kann und es auch immer wieder tut, dürfte kaum bestreitbar sein. Auch deshalb ist es wichtig, die Geschichte zu kennen und sich um Verständnis der Genese zu mühen.

VI. Sinn und Unentbehrlichkeit der Alltagsmoral

Unentbehrlichkeit der Alltagsmoral

Alltagsmoral ist – das machen die vorangegangenen Kapitel deutlich – nicht ein eigener Bereich des Handelns, mit dem sich eine Unter- oder Spezialdisziplin der Angewandten Ethik zu beschäftigen hat, sondern eher so etwas wie ein Sediment, das die selbstverständlich gewordenen Haltungen, Handlungen, Rollen und Regeln des alltäglichen Tuns und Lassens beinhaltet, an die sich Menschen ohne intensives Überlegen und kompliziertes Argumentieren gebunden fühlen und auf die sich die Anderen verlassen. Analytisch betrachtet könnte man das Phänomen Alltagsmoral mit einem *Konglomerat* in der Geologie vergleichen, also mit einem im Lauf unzähliger Jahre fest verbackenem Gemisch aus Steinen und Sand unterschiedlicher Art, Form, Größe und Herkunft. Dieser Charakter eines heterogenen Gemischs mag ein Grund dafür sein, dass sie in der ethischen Theorie so wenig Aufmerksamkeit findet. Ein anderer ist die Selbstverständlichkeit, mit der sie meistens funktioniert; das Fehlen theoretischer Reflexion scheint ihrer Praxis nicht zum Nachteil oder zum Schaden zu gereichen.

Diese Heterogenität und Sicherheit in der Alltäglichkeit bedeutet aber keineswegs, dass Alltagsmoral unwichtig oder verzichtbar wäre. Vielmehr ist gerade das Gegenteil der Fall. Denn Alltagsmoral macht zu erheblichen Teilen die *elementare*, also einfache *Moral* aus, die die Menschen im Umgang miteinander im Kleinen und im Nahen wie auch die Gesellschaft im Ganzen brauchen,

VI. Sinn und Unentbehrlichkeit der Alltagsmoral

wenn das Miteinander insgesamt funktionieren soll. Alltagsmoral umfasst ja die moralischen Basiskompetenzen für den Umgang mit Anderen und mit Gruppen der verschiedenen Größen; und die werden erfahren, erlernt, bestärkt und korrigiert in den vielen konkreten Begegnungen und Interaktionen. Und Alltagsmoral bleibt – tendenziell für das gesamte Leben, wenigstens aber für viele Lebensjahre – das Übereinstimmende und *das Gemeinsame* an Moral, selbst wenn anderes von manchen Personen abweichend bewertet wird. Und sie ist eine wichtige *Ressource*, aus der reflektierte und theoretisch anspruchsvollere ethische Überlegungen, die speziellen Problemen gelten, wenigstens eine erste, oft erst suchende Richtung, Antrieb und Kraft beziehen.

Denn nirgendwo anders als hier in den Grundeinstellungen liegt der Motor, den Versuchungen der »Wurstigkeit« und des »Wegschauens« nicht nachzugeben. Dabei steht außer Frage, dass man Genaueres über das Ausmaß der Folgen und über die Risiken für Menschen und Zusammenleben im Lauf der Zeit und Exakteres über den Bedarf an Hilfe und deren spezielle Art nur durch Informationen aus hochorganisierten Wissensspeichern und spezialisierten Institutionen erfahren kann, hinter denen ganze Teams von Experten und eigens zu diesem Zweck unternommene Studien stehen. Aber das zahlenmäßig Erfasste und methodisch Analysierte ist noch nicht *das, was »angeht«*. Dazu ist es zu allgemein und zu abstrakt. Aussagekräftig und menschlich berührend wird es erst, wenn es mit konkreter Wahrnehmung zusammentrifft. Die aber muss zugelassen oder sogar gesucht werden. Arbeitslosigkeit, Flucht, Krankheit, Alleinerziehen, Sucht, Trennung und Verlust sind etwas anderes, wenn man Menschen kennt, die solches erleiden und damit täglich zurechtkommen müssen, als wenn sich die Kenntnis ausschließlich aus statistischen Tabellen oder auch aus Berichten Anderer, die man nicht persönlich kennengelernt hat, speist. Dort, wo man der unmittelbaren Wahrnehmung von Unglück oder Beschädigung konkreter Menschen ausgesetzt ist bzw. sich aussetzt, sind Not,

Mitleid und Hilfsbereitschaft elementarer und direkter präsent und aktivieren spontan das alltagsmoralische Fundament.

Alltagsmoral kann gelegentlich auch als *Korrektiv* wichtig sein, dort nämlich, wo sich aus der intensiven Befassung mit einem speziellen Problem eine Evidenz"blase« bildet, die alles dominiert. Die Konzentration auf einen in sich hochkomplexen Problemstrang und die Suche nach einer gangbaren Lösung ist mit der Gefahr verbunden, dass andere Anliegen und Probleme, die auch für viele Menschen von existenzieller Wichtigkeit sind, vernachlässigt werden. Dies kann in der Öffentlichkeit und auf der Ebene der politischen Führung zu beträchtlichen Spannungen und den vielbeklagten, weil unversöhnlichen Spaltungen führen.

Schließlich deckt sich die Alltagsmoral mit dem Gros der Regeln, deren Akzeptanz und Befolgung von jenen erwartet wird, die aus den Krisenregionen dieser Welt in die hiesige Gesellschaft aufgenommen werden wollen, weil sie überzeugt davon sind, hier trotz aller Schwierigkeiten bessere Lebenschancen als in ihren Heimatländern zu bekommen. Sie treffen nicht nur auf etablierte Gewohnheiten und Routinen, sondern auch auf *Erwartungen*, wie das Miteinander hier geht. Die Alltagsmoral ist insofern nicht nur ein wichtiges und sehr entwicklungsfähiges Feld der Integration, sondern auch ein Faktor der Irritation und der Herausforderung mitgebrachter Traditionen und Plausibilitäten. Das zeigen die typischen Konflikte um die Rolle der Frau, um die Ehre der Familie und um die Fehldeutung des liberalen Umgangs mit Sexualität als Einverständnis mit sexueller Übergriffigkeit in Schwimmbädern und bei öffentlichen Feiern deutlich.

Es wäre aber ein Fehler, wenn man aus diesen Zusammenhängen, die dafür sprechen, dass die Alltagsmoral wertvoll und unverzichtbar ist, den Schluss ziehen würde, die Alltagsmoral gegen die Ethik als Disziplin der theoretischen und der praktischen Philosophie bzw. Theologie auszuspielen. Alltagsmoral kann nicht die reflektierte und ethisch-basierte Lösung und Steuerung gesellschaftlicher und politischer Entscheidungen ersetzen. Erziehung und alltagsmoralische Sozialisation *genügen nicht* einmal für die

VI. Sinn und Unentbehrlichkeit der Alltagsmoral

Orientierung in sämtlichen Fragen und Problemen der Lebensführung, die sich dem Einzelnen als freiem Subjekt und als Gestalter seiner Mikrowelt sowie als mündigem, zur Partizipation fähigem Bürger stellen. Es gibt auch immer Fragen der gerechten Strukturen im sozialen Leben und erst recht im globalen Miteinander. Diese erfordern spezielles Wissen, ständigen Austausch mit vielen komplexen Überlegungen und vielfältigen Kompromissen. Spontane Reaktionen auf Alltagsniveau und scheinbare Evidenzen können dann sogar gefährlich sein. Das illustrieren die aktuellen Erfahrungen mit sogenannten Verschwörungstheorien und extremen Gruppen zur Genüge. Aber es gibt eben auch gewichtige *Fragen und Notwendigkeiten der individuellen Lebensführung* (Charakterbildung, Erziehung und Bildung der Kinder, Gestaltung der Freizeit, Gesundheitsvorsorge, Konsum usw.) sowie der praktischen *Gestaltung des sozialen Miteinanders in den Mikrobereichen* von Nachbarschaft, Verwandtschaft, Freundschaft und Kollegenschaft. Auch hier bedarf es nämlich der Verantwortung der Einzelnen und Maßnahmen zur Abgrenzung und zum Schutz, weil auch hier Machtverhältnisse und Hierarchien mit einem eigenen Potenzial von Übergriffen und Missbrauch entstehen können, die Einzelne bedrohen können. Was im Bereich der strukturellen und institutionellen Gestaltung von größter Wichtigkeit sein kann – etwa das Absehen von den Besonderheiten der agierenden und betroffenen Personen /»Objektivität« und »Gleichbehandlung« –, kann im Bereich des persönlichen Umgangs in der eigenen Lebenswelt (beispielsweise von Eltern und ihren Kindern, von Mann und Frau in einer Verbindung, bei Geburten und Trauerfällen von Angehörigen, im Umgang mit sehr Jungen und ganz Alten, auch in der Begegnung von Freunden) gerade besonders unangemessen sein.

Unentbehrlichkeit der Alltagsmoral

In zeitkritischen Essays[93] wie auch in sozialwissenschaftlichen Analysen[94] ist gelegentlich die Klage über bzw. der Befund vom Dahinsiechen und Erodieren der Alltagsmoral (zumindest der allgemein verbindlichen) zu lesen; sie offenbare sich »in Kunst und Literatur, Religion, Wissenschaft und Recht«[95]. Belegt wird dieser Befund bei Thurn mit der »Zerrüttung traditioneller Lebensformen« (auch: »Entformalisierung«) und mit dem ambivalent-unentschiedenen Verhalten zu konventionellen Werthaltungen wie Takt, Scham und Treue. An dieser Diagnose aus den 1980er-Jahren zutreffend und immer noch gültig ist die Beobachtung eines Wandels im Umgang mit der Körperlichkeit, aber auch mit psychischer Selbstdarstellung vor Anderen. Andererseits darf man auch nicht übersehen, dass gerade bei dieser Entwicklung eine Diskrepanz festzustellen ist zwischen der Abschaffung rechtlicher Schamgrenzen und der Einführung rechtlich einklagbarer Respektverpflichtungen, die von Minderheiten und sozialen Milieus im Zuge der Gleichberechtigung der Geschlechter und der Nichtdiskriminierung per Rechtsprechung erstritten wurden. Dazu kommt die Fortgeltung der moralischen Standards für die Lebenspraxis der Allermeisten, wenn auch jetzt kombiniert mit der Nichtverurteilung eines Verhaltens, das den rechtlichen Freiraum voll ausschöpft, wenn es denn vorkommt und als Ausdruck persönlicher Freiheit oder biografischer Notwendigkeit beansprucht wird.

Der Diagnose vom Dahinsiechen der Alltagsmoral könnte man aber auch eine Reihe von Beispielen aus anderen Lebensbereichen entgegenhalten, die umgekehrt zeigen, dass Alltagsgewohnheiten eine große Beharrungstendenz innewohnt, wenn Versuche unternommen werden, sie durch Appelle, durch politische oder

---

93 Z. B. Axel Hacke, Über den Anstand in schwierigen Zeiten und die Frage, wie wir miteinander umgehen, München 2018.
94 Z. B. Hans Peter Thurn, Der Mensch im Alltag. Grundriss einer Anthropologie des Alltagslebens, Stuttgart 1980.
95 Ebd. 152. Vgl. 152–153.

VI. Sinn und Unentbehrlichkeit der Alltagsmoral

bürokratische Maßnahmen oder auch durch die Schaffung eines »aufgeklärteren« moralischen Bewusstseins zu verändern. Hier liegt einer der Gründe, weshalb viele eindringliche Aufforderungen und informationelle Kampagnen zum Umstieg vom eigenen Auto auf das Fahrrad etwa, zum Verzicht auf das Fliegen, zur Einschränkung des Fleisch- und Wurstverzehrs, zu regelmäßiger Unterbrechung der Arbeit durch Bewegung und zu Sport verhallen, ohne den gewünschten kumulativen Langzeit- und Breiteneffekt hervorzubringen.

Ein anderer Grund liegt im Verkennen der Tatsache, dass es für jeden Einzelnen und auch für jede soziale Gruppe offensichtlich so etwas wie eine *Ökonomie der moralischen Anstrengung* gibt: Die meisten Menschen lassen sich durchaus zu einer Veränderung alter Gewohnheiten motivieren, wenn sie die Gründe dafür rational nachvollziehen können; aber nur eine überschaubare Zeitlang und fokussiert auf diese eine Anstrengung. Wenn ihnen zeitgleich viele Veränderungen in allen möglichen Lebensbereichen zugemutet werden, erlahmt die Bereitschaft zur Veränderung oder sie reagieren nur noch auf harte Faktoren, die vom Einzelnen nicht beeinflusst werden können, wie Verteuerung. Ökologisch politisch Engagierte machen nicht selten den Fehler, dass sie den Menschen innerhalb kurzer Zeit mehrere Einschränkungen und Verzichte zumuten zu können meinen (den individuellen Wasserverbrauch drosseln, Absenken der Temperatur beim Heizen, fleischlose bzw. -arme Ernährung, Einkaufen ohne Auto, zum Stromsparen weniger Handy und Computer benutzen, das Rauchen aufgeben, keine Kosmetik kaufen, die an Tieren getestet wurde, auf die Benutzung von Tüten und Flaschen aus Plastik verzichten usw.), die dann gern leise ignoriert oder von politisch anders Orientierten als »Verbotspolitik« denunziert werden. Tatsächlich kann eine Vielzahl von Verboten psychologisch das Gefühl von Ohnmacht und Überforderung in Gang setzen. Dieses Gefühl wird leicht in Zusammenhang gebracht mit dem vergiftenden Eindruck, die fordernde Seite sei motiviert vom Wunsch,

Unentbehrlichkeit der Alltagsmoral

sich selber in dem Gefühl zu wähnen, auf der Seite des moralisch Guten und der wissensmäßig und ethisch Überlegenen zu stehen.

Wo aber könnten umgekehrt die Einsatzstellen für die Alltagsmoral sein? Davon gibt es bei näherem Hinsehen viele. Eine der prominentesten und verbreitetsten sind die *guten Vorsätze*. Das Muster selbst stammt unter anderem aus der Theologie des Sündenbekenntnisses, lebt aber auch in der säkularisierten Gesellschaft vital weiter und wird besonders an persönlichen Lebensmarken wie Geburtstagen, Jubiläen oder dem Beginn bzw. Ende eines Urlaubs und gesellschaftsweit um den Jahreswechsel und bei kollektiven Erschütterungen gepflegt. Vorsätze formulieren ein konkretes positives Ziel (etwa: mehr mit dem Fahrrad zu fahren oder täglich eine halbe Stunde spazieren zu gehen oder Wasser statt alkoholischer Getränken zu trinken). Faktisch geht es dabei fast immer darum, schlechte Gewohnheiten – also in den genannten Beispielen: die PKW-Benutzung auch für kürzere Wege, das ständige Arbeiten im Sitzen, den gewohnheitsmäßigen Konsum von Spirituosen –, die als fragwürdig und letzten Endes schädlich erkannt sind, aufzugeben oder sie wenigstens zu reduzieren.

Eine andere, ebenfalls aus der Tradition bekannte und populäre »Technik«, im Alltag Einsatzstellen für Moral zu entdecken und zu verorten, sind *Sinnsprüche*, die man sich als Motto bzw. als »Losung« für einen Tag oder eine Woche sichtbar vor Augen stellt, in Gedanken immer wieder hervorholt und eigens bedenkt: »Bleib Dir treu«, »Nimm Dich nicht so wichtig«, »In der Ruhe liegt die Kraft«, »Bei allem, was Du tust, bedenke das Ende« und ähnliche Appelle füllen Postkarten, Kalenderblätter, Poesiealben und früher einmal auch die sogenannten Hausbücher.

Reichlich Tipps für das Auffinden von Einsatzstellen für Moral im Alltag bieten auch die zahlreichen *Ratgeber*-Bücher für alle möglichen Alltags- und speziellen Lebenssituationen, die seit Jahren auf dem Buchmarkt angeboten werden und infolge hoher Nachfrage und entsprechender Auflagen kostengünstig zu erwerben sind. Zu den beliebtesten Bereichen, die in ihnen thematisiert und mit Empfehlungen versehen werden, gehören Achtsamkeit für sich selbst und Spiritualität, somatische und psychische Krankheiten, Burn-out und die Sorge vor dem Tod, Erziehungskrisen und Wege zur Elternschaft, aber auch gesundes Leben, Ernährung, Naturerfahrung und Reisen. Ein Thema, das eher in Zeitungen und Illustrierten abgehandelt wird, ist faires Verhalten im Verkehr und bei Sportveranstaltungen.

Herausgefordert durch den erlebten gesellschaftlichen Wandel und die wahrgenommenen Differenzen

Alltag und auch Alltagsmoral sind von ihrer ganzen Struktur her auf Beständigkeit und Wiederholung von Situationen ausgerichtet und setzen jeder Veränderung zunächst einmal Beharrungsimpulse entgegen. Gleichwohl finden Veränderungen statt, und zwar ständig. Bisweilen ruckartig und gleichsam von außen angestoßen durch technische Erfindungen oder politische, neuerdings auch durch ökologische Krisen, manchmal auch durch Naturkatastrophen, Pandemien oder andere Bedrohungen. Meistens aber schleichend und gleichsam aus dem Inneren heraus durch gesellschaftliche Entwicklungen und großräumige Prozesse, die bis in die Alltagswelten aller Einzelnen hineinreichen, die aber so umfassend und dynamisch sind, dass die Einzelnen so gut wie keinen Einfluss darauf ausüben können, ob und wie sie ablaufen.

Jedenfalls sind Alltag und Alltagsmoral wohl vergleichsweise gleichbleibend und beständig. Aber genauer und auf längere Zeit hin betrachtet (das gilt heute schon auf die Länge einer durchschnittlichen Biografie bezogen), sind sie keine statisch-feste Größen, die sich als Fixpunkte für die Einforderung ganz bestimmter Inhalte oder der unmittelbaren (auf jede Rechtfertigung und Kommentierung verzichtenden) Fortgeltung eines bestimmten kulturellen Sets von Idealen eignen würden. Auch sie sind letztlich »im Fluss« und grundsätzlich veränderbar. Das muss nicht bedeuten: abschaffbar, sondern kann auch heißen: anpassbar.

Dass solcher »stiller« kultureller Wandel stattfindet, bemerken viele Menschen erst in der Rückschau auf ihr Leben in seiner Tragweite. Sie stellen dann beispielsweise fest, wie sich bestimmte Einschätzungen und ehemals selbstverständliche Reaktionen geändert haben, und dass dem andere Sichtweisen und neue Achtsamkeiten, also Wert-Bezugnahmen im Alltag, zugrunde liegen: Junge Frauen empfinden es heute ausnahmslos als »No go«, mit »Fräulein« angeredet zu werden, während das noch vor wenigen Jahrzehnten gang und gäbe war und ältere nichtverheiratete Frauen großen Wert darauf legten, so angeredet zu werden. In Ausbildung befindliche Jugendliche, sogenannte Azubis, wehren sich dagegen, als »Lehrlinge« bezeichnet zu werden, weil dieser Begriff mit Statuslosigkeit und Gehorsamserwartungen gegenüber jedem Erwachsenen und für jede beliebige Dienstleistung belastet ist. Die Benutzung des Wortes »Neger« und »Schwarzer« für People of Colour in der Öffentlichkeit löst fast mit Sicherheit einen Skandal aus. Oder: Das noch bis vor 15 Jahren in jedem Speiselokal auch geraucht werden durfte und es damals verbreitete Skepsis gab, ob sich ein Rauchverbot in Lokalen überhaupt durchsetzen lasse, gilt heute als nur noch schwer verständlich. Ebenso wie die Tatsache, dass in den jugendlichen Jahren der jetzt erwachsenen Generation der Älteren weithin bedenkenlos Abfälle in Wald, Gewässern, Böden und unsortierten Deponien entsorgt wurden. Oder, um noch ein Beispiel aus dem kulturellen Feld anzuführen: Wenn Kinder und Jugendliche ihre Eltern nach der Musik und den Fernsehserien fragen, die sie besonders gemocht haben, oder ihnen Fotos zeigen, auf denen die Frisuren, Brillen, Kleider und Möbel der Wohnungen damals zu sehen sind, tritt offen und oft genug erschreckend zutage, wie riesig die Unterschiede in der Alltagsästhetik schon nach einer Generation sind. Sozialwissenschaftler, die sich mit der aktuellen Jugendkultur befassen, weisen warnend darauf hin, dass bei der überwiegenden Mehrheit der heutigen Jugend das »Skript« für die Entdeckung der Sexualität und den Beginn eigener sexueller Praxis immer

VI. Sinn und Unentbehrlichkeit der Alltagsmoral

mehr durch Vorstellungen geprägt sei, die aus der Pornoindustrie stammen.

Alltagsleben und gelebte Alltagsmoral spielen sich demzufolge in Kontexten ab, die in Bewegung und in Entwicklung sind. Die Kontexte sind zunächst die kleinen Gemeinschaften der Nähe und der Intimität, in denen sich stufenweise die Ich-Bildung der Einzelnen vollzieht, wie sie in einem früheren Kapitel dieses Buchs unter dem Stichwort »Identität« skizziert wurde. Gleichzeitig ist dieser Prozess der Ich-Bildung umfangen und eingebettet in die Kontexte von größeren Gemeinschaften, von Gruppen und von zeitspezifischen gesellschaftlichen Entwicklungen. Insofern gibt es nicht nur die früher behandelte individuelle Identität als »Arbeit« und »Leistung« des individuellen Einzelnen, sondern auch das, was man als korporative bzw. kulturelle Identität bezeichnen kann und in politischen Debatten heute oft meint.[96] Letztere ist bezogen auf die größeren kollektiven Einheiten bzw. Gruppierungen, denen sich jemand zugehörig fühlt und die wegen ihrer Geschichte, Sprache oder Traditionen von prägendem Einfluss und lebenslang bleibender Wichtigkeit für die betreffenden Individuen und ihr Alltagsleben sein können. Sie beeinflussen das Handeln, Denken und Miteinanderleben in erheblichem Maße mit.[97]

Eine der wichtigsten Groß-Entwicklungen, die in den letzten Jahrzehnten stattgefunden haben und deren Einfluss unübersehbar bis in den Alltag der individuellen Lebenswelten hineinreicht, ist die sogenannte Globalisierung[98]. Mit dieser Bezeichnung wird nicht nur die zunehmende Verflechtung und die immer noch zunehmende Kommunikation mit der ganzen Welt über die Gren-

---

96 Die politische Debatte über kulturelle Identität ist eine Reaktion auf die Globalisierung. Zu ihrer Phänomenologie, ihren treibenden Faktoren und ihren Auswüchsen (»Kampf der Kulturen« als Interpretationsmatrix und Legitimationstheorem, Fundamentalismus) s. etwa Thomas Meyer, Identitätspolitik. Vom Missbrauch kultureller Unterschiede, Frankfurt a. M. 2002.
97 Vgl. Susanne Schmetkamp, Respekt und Anerkennung, Paderborn 2012, 29.
98 S. dazu ebd. 29–42.

zen des eigenen Staats hinaus chiffriert (Wirtschaft und Handel, Internet, Gesundheit, Wissen, Bedrohungen usw.), sondern auch die interne Durchdringung der eigenen Gesellschaften mit Menschen von sichtbar anderer Herkunft, mit anderen Denkwelten, Sitten, Mentalitäten, Religionen und Kulturen. Die beiden am massivsten spürbaren Veränderungen, die damit einhergehen und die auch die Alltagswelten durchdringen und nicht nur die Ordnungen des Zusammenlebens, sondern auch die Individuen als Einzelne betreffen und herausfordern, sind *Pluralität* und *Diversität*. Der Kern der darin liegenden Herausforderung ist nicht der daraus möglicherweise entstehende oder gerechtfertigte Relativismus, sondern – vereinfacht – die Frage, wie Gleichbehandlung auf der einen Seite und die Anerkennung von Differenzen auf der anderen zusammengebracht und -gehalten werden können. Denn dort droht die Gefahr von Benachteiligung und systematischer Diskriminierung aufgrund von Merkmalen, die äußerlich stigmatisieren, und der Unterstellung von Minderwertigkeit, hier die der Ausübung von Druck in Richtung Angepasstheit und Homogenisierung infolge des Mangels an Verständnis und Wertschätzung für die Besonderheit und Werthaltigkeit von Traditionen, Lebensformen, Erfahrungen und Beschreibungen, in denen die betroffenen Menschen ihre persönliche Identität gewonnen haben und aus der sie sie immer wieder bestärken.

In jeder multikulturellen und ethisch pluralistischen Gesellschaft ist die Lösung dieser Aufgabe nicht nur eine Anfrage an die Politik (theoretisch wird sie mit dem Stichwort Liberalität markiert), sondern auch eine des gesellschaftlichen Miteinanders im Alltag. Denn Anerkenntnis, Integration und Inklusion finden ebenso wie Vorurteile, Diskriminierung und Exklusion der ethnisch, kulturell, sprachlich, oder religiös Andersartigen im Alltag und in den alltäglichen Begegnungen statt. (Das gilt auch für die Menschen, die aufgrund einer Behinderung beeinträchtigt oder aufgrund ihrer von der Mehrheit abweichenden sexuellen Orientierung als andersartig empfunden werden.)

VI. Sinn und Unentbehrlichkeit der Alltagsmoral

Das ethische und politische Programmwort für das, was angesichts von Pluralität und Diversität am meisten nottut, ist *Toleranz*. Sie muss heute ergänzt werden durch das *Verbot von Diskriminierung* aufgrund aller Merkmale, die der Einzelnen nicht abändern kann. Verbote des Diskriminierens markieren die Grenzen, wo die allen Menschen gemeinsame Würde beschädigt, angegriffen oder zerstört wird. Toleranz ist ein Ideal, das aus den neuzeitlichen Religionskonflikten hervorgegangen ist. »Toleranz« steht heute in der Gefahr, zu einer Allerweltsformel und zu einem Container-Begriff zu geraten, der alles Mögliche, aber nichts Genaues beinhaltet; übrig bleibt vielleicht nur noch die Bedeutung »Erdulden von Verschiedenheit«. Von seinem Ursprung her ist der Begriff aber anspruchsvoller und charakterisiert eine Haltung, das Differente zuzulassen und auszuhalten, ohne das Eigene einfach preiszugeben oder aber dieses mit Gewalt durchsetzen zu wollen.[99] Der eigentliche Grund dafür ist die Achtung vor dem Individuum als Mensch und dessen Fähigkeit, auf den Ruf seines Gewissens zu hören und ihm zu folgen. Toleranz zielt auf friedliche Koexistenz sowohl der Individuen wie auch von Gruppen von Menschen, die eine eigene Konfession, Religion, Geschichte oder Kultur haben.[100] Toleranz meint also mehr, als die eigene Person je kann. Sie ist gebotene Haltung der Einzelnen, aber darüber hinaus auch eine normative Qualität der Verhältnisse, die in rechtlich-institutionellen Strukturen Gestalt annehmen, konkret gemacht werden und denen Geltung verschafft werden muss. Dabei geht es nicht um ein Entweder-Oder; vielmehr sind persönliche Haltung der Vielen und die rechtlich-institutionellen Strukturen aufeinander angewiesen. Die rechtlichen Rahmenbedingungen sind nötig, damit Toleranz im Konkreten möglich ist und gefördert werden kann. Die Haltung der Einzelnen braucht

---

99 Schmetkamp, ebd. 97, spricht von einer Akzeptanz- und Ablehnungskomponente als innerem Kern der Toleranz.
100 Aufschlussreich dazu die Überlegungen von Michael Walzer in: Über Toleranz. Von der Zivilisierung der Differenz, Hamburg 1998, 66–113.

es aber auch, damit das Vertrauen, das durch die Institutionalisierung grundlegend gesichert ist, auch in den konkreten Aktionen gelebt wird und nicht ein formales Gehäuse oder eine leere Formel bleibt. Eine »offene« Gesellschaft zeichnet sich dadurch aus, dass die Vorstellungen von Sinn, Wahrheit und Werten öffentlich präsentiert und über sie gestritten werden darf; und dass die Normen, die Respekt, Sitten und Wertvorstellungen schützen sollen, immer wieder neu geprüft und hinterfragt, befestigt, gelockert oder weiterentwickelt werden dürfen.

Eine Gegenbewegung zu Pluralität und Diversität stellen die sogenannten *identitären Bewegungen* dar. Mit lockerem Bezug auf die Migrationsbewegungen im eigenen Land stellen sie diese als Angriff auf die angestammte Bevölkerung und ihr Selbstverständnis dar, engagieren sich verbal gegen die Möglichkeiten der Erweiterung der Zugehörigkeit, betonen die Unterschiede der Herkunft und sehen unüberwindbare Probleme, wenn es um die Aneignung der bislang gemeinsamen Werte geht. Folglich stellen sie alles Fremde unter einen Anfangsverdacht und plädieren in politischen Diskursen und öffentlichen und personenbezogenen Meinungsäußerungen für Abgrenzung, Betonung der Differenzen und starke Maßnahmen der Einwanderungskontrolle – gegen die pluralitätsfreundliche Akzeptanz und manchmal auch Idealisierung von Multikulturalismus, Integration und Inklusion in Teilen der Bevölkerung. Sofern die Verklärung und Inaussichtstellung von Eindeutigkeit, das Bestehen auf Homogenität der Bevölkerung und der Ruf nach strikten Kontrollen entlang der Nationalitäten Rhetorik und demonstrative Meinungsäußerung überschreiten, kann das öffentlich massiv vorgetragene Verlangen bedrohliche Folgen haben. Hass, Hetze und Diskriminierung sind keine harmlosen Verhaltensweisen Einzelner, sondern sind der

VI. Sinn und Unentbehrlichkeit der Alltagsmoral

Boden, auf dem aggressivere Aktionen und Sympathien für radikale politische Maßnahmen gedeihen können.[101]

So wie Demokratie auf die Trennung von Politik und Staat angewiesen ist[102], so ist sie es auch auf die *Unterscheidung von Recht und Moral*. Beides sind Orientierungs- und Regelsysteme mit eigener Berechtigung. Aber das Recht muss immer für alle gelten, und es erzwingt sich das im Zweifelsfall mittels Sanktionen für Normverstöße. Moralsysteme hingegen mögen zwar von ihrem Selbstverständnis her kognitiv ebenfalls einen gesellschaftsweiten und sogar universalen Geltungsanspruch erheben, können ihn aber unter demokratischen Verhältnissen nicht mit Mitteln des Rechts und seiner Sanktionierung durchsetzen. So bleiben sie auf die subjektive Einsicht und auf den Rückhalt und die gemeinsame Praxis von Gruppen angewiesen, die ihr in der Konkurrenz zu anderen Kraft und Sinnbezug zutrauen. Daraus folgt auch, dass sich die Moral einer Gruppe nicht zum Maßstab des für alle geltenden Rechts machen darf. Aber umgekehrt ist das Recht auch nicht die schlechthin begrenzende Vorgabe für das, was Moral an Inhalten thematisiert, sondern höchstens ein Minimum, das weder unterschritten noch konterkariert werden soll. Insofern weist der alltagsmoralische Hinweis, dass ein bestimmtes Verhalten schließlich doch »legal« sei, der gern zur Rechtfertigung bzw. zur Entschuldigung gebraucht wird, in eine zumindest fragwürdige Richtung. Und der Hinweis darauf, dass beißende Kritik am Islam und an verehrten Gestalten durch das Grundrecht auf Meinungsfreiheit und die Pressefreiheit gedeckt seien, wird sicherlich rechtlich zutreffend zur Verurteilung von aggressiven und tödlichen Vergeltungsreaktionen herangezogen (»Nous sommes Charlie« 2015), erspart sich aber die moralische Selbstkritik, dass man es unanständig finden kann, wenn Angehörige einer Religion ge-

---

101 Zur Gesamtproblematik s. etwa Walter Lesch, Die Ambivalenz von Identitätsdiskursen, in: ders., Übersetzungen. Grenzgänge zwischen philosophischer und theologischer Ethik, Fribourg/Freiburg i. Br. 2013, 139–153.
102 Dazu ebd., 100f.

zielt öffentlich gekränkt werden, indem das, was Gegenstand ihrer Verehrung ist, öffentlich lächerlich gemacht oder symbolisch als vernichtungswürdig hingestellt wird. Das rechtlich Erlaubte oder auch Nicht-Verbotene ist nicht automatisch schon moralisch gut oder auch nur in Ordnung.

VII. Die Frage nach den Grenzen

Auszeiten auch für Moral?

Zur Alltagskultur gehören auch die *Freiräume*, also feste Gelegenheiten wie Karneval bzw. Fastnacht, Hexennacht und Halloween, lokale Volksfeste, im privaten Bereich Junggesellenabschiede und Geburtstags-Partys und Rituale wie Büttenreden, Umzüge und simulierte Gerichtsverhandlungen, in deren Rahmen es möglich, üblich oder zumindest *toleriert* wird, dass Verhaltens- und Redeweisen, die sonst, das heißt: außerhalb dieser Grenzen, als ungehörig, beleidigend, ordinär oder sogar übergriffig gelten, praktiziert werden dürfen und allgemein Beifall erhalten.

Eine beliebte und kulturell etablierte Weise, wie solche Freiräume wahrgenommen werden, ist der Spott und die Kritik an den Mächtigen, an Politikern etwa, Wirtschaftsführern, Prominenten oder lokalen Autoritäten. Sie bekommen – ähnlich wie in Karikaturen und anderen Presseformaten (Witz, Satire, Parodie, Kabarett, populäre Spottlieder) »ihr Fett« ab, und müssen sich unter Umständen deftige Rügen, doppelbödige Anspielungen und unwillkürliches Lachen auslösende Übertreibungen, bisweilen auch persönliche Sticheleien und kleine Unannehmlichkeiten gefallen lassen, die an die Grenzen des Tolerablen gehen und außerhalb des besonderen Anlasses mit hoher Wahrscheinlichkeit als übergriffig und unangemessen empfunden würden.

Die *zeitweise Verrückung der Grenzen* des Sagbaren in Verbindung mit dem Schutz der Anonymität (Masken), mit Mitteln der Verfremdung (Kostüme) und der dadurch ermöglichten Aushebelung der üblichen sozialen Distanzregeln wird von vielen auch dahin gehend interpretiert, dass während dieser besonderen

Zeiten auch die sonst geltenden normativ-moralischen Standards suspendiert seien. Sie sind nämlich der Meinung, dass sie sich in ihrer Emotionalität während dieser eng begrenzten Zeiträume auch einmal »gehen lassen« bzw. die innere, sonst sorgsam disziplinierte »Sau heraus lassen« dürften; häufig wird dieser Anspruch unterstützt durch den Genuss von reichlich Alkohol und dem durch das gemeinsame Feiern gesteigerten Gefühl einer sonst nicht gepflegten Gleichheit. Ausdrücke wie »Narrenfreiheit« und »Heidenspaß« sprechen für sich und dienen als weitverbreitete Chiffren für moralische Anarchie, sei sie im Einzelnen gewünscht oder befürchtet.

In der Tat wollen *Maskierung* und *Verkleidung* verhindern, dass man von den Anderen erkannt wird. Während jede Person normalerweise an ihrem Gesicht, ihrer Statur, ihren spezifischen Gesten und ihrem Mienenspiel leicht erkennbar ist, verhindern Maske, Bemalung mit Schminke und das Tragen unüblicher Kleidung die rasche und eindeutige Identifizierung, die ja auch auf Kontinuität und Transparenz der Erscheinung gründet. Der Träger der Maske ist plötzlich ein Fremder und spielt eine Rolle, die auf einen andersartigen Kontext verweist. Das gilt schon für den Clown im Zirkus, der, auch wenn er stumm bleibt, durch Gesten, Bewegungen und Interaktionen und unterstützt von Requisiten die Zuschauer zum Lachen bringt. Umgekehrt steht dem Hofnarren der Tradition das Privileg zu, in einer hierarchisch durchstrukturierten Welt als Einziger die pure Wahrheit auszusprechen, auch und gerade gegenüber den höchsten Autoritäten.

So wie man der ironisierend-kritisierenden Rede und dem bildlich verfremdeten Spiel schon seit der Antike einen kathartischen (das meint: reinigenden) Effekt zugeschrieben hat, darf man in der Maskierung und Verstellung mittels Kostümierung ein Spiel mit pluralen Identitäten vermuten. Negativ gewendet kann man damit etwas verdecken oder aber jemanden täuschen wollen. Positiv gewendet kann es der gelegentlichen Einübung des Sich-nicht-zu-ernst-Nehmens und der Unterstützung des Dazu-

Lernens und des Glaubens an die Möglichkeit einer Veränderung zum Besseren dienen. »Wenn ich selbstironisch eine Schwäche zugebe, diskreditiert das nicht gleich mein gesamtes Wesen als Mensch. Ich nehme mich und die Welt nicht so ernst. Denn alles könnte so sein, wie es scheint, es könnte aber auch ganz anders sein – und das ist doch wunderbar! – Ziel ist damit auch eine Kultur, in der das Experiment seinen Raum hat. Sei es in der Wissenschaft, sei es in der persönlichen Entwicklung – der Ruf nach Eindeutigkeit und Authentizität führt dazu, dass eine Klarheit der Ergebnisse und Positionierungen erwartet wird, die nicht nur bisweilen schwer zu erreichen, sondern auch reduktionistisch und langweilig ist.«[103]

Das jahreszeitlich streng eingegrenzte und lebensaltersmäßig ganz unterschiedlich ausfallende Spiel mit Maskierung und Verkleidung kann auch die Wahrnehmung anstoßen und das Verständnis dafür fördern, dass wir uns im alltäglichen Umgang mit vielen Menschen nur selten auf die jeweilige Person im vollen Umfang ihrer Individualität einlassen (müssen), sondern meistens in wohlwollendem Einhalten eines Abstands einen Unterschied machen zwischen der Rolle, in der sie mit uns augenblicklich zu tun hat, und der Persönlichkeit, die sie auch und eigentlich ist und zu der viel mehr gehört, was sich uns aber in der Flüchtigkeit und Sachbezogenheit der meisten Interaktionen gar nicht erschließt (z.B. dass jemand über seine funktionale Rolle als Verkäufer oder Taxifahrerin auch ein liebevoller Elternteil ist, eine redliche »Haut«, ein Mensch, der echt ist und nichts vorspielt). Erst solches Unterscheiden ermöglicht diesen Personen ihr professionelles Handeln[104]; und uns selbst entlastet es davon, von störenden Gedanken, befremdlichen Gewohnheiten und abweichenden Überzeugungen irritiert zu werden. Stattdessen können

---

103 Erik Schilling, Authentizität. Karriere einer Sehnsucht, München 2020, 138.
104 Vgl. Schilling, Authentizität, 139–144, der außer Professionalität auch Situationsangepasstheit sowie Ambiguitätstoleranz als alternative Verhaltensstrategien gegen mögliche irritierende Pluralität empfiehlt.

VII. Die Frage nach den Grenzen

wir uns genauso wie die betroffenen Interaktionspartner auf die Handlungen und Argumente konzentrieren, um die es in dieser Interaktion eigentlich geht.

Davon abgesehen können Verstellung und Rücknahme von Selbstdisziplinierung im Rahmen ritualisierter Anlässe eine Plattform für reizvolle Kontakte und belebende Bekanntschaften sein. Im überlieferten Brauchtum gelten sie deshalb auch als günstige und legitime Gelegenheiten zum Flirten, zum Beobachten und Sich-Darstellen und zur Anbahnung von Freundschaften. Aber auch als Zeiten und Orte des Missverstehens, der Übergriffe und der Eifersucht. Denn Gestalt und Intensität der gesuchten Nähe passen nicht automatisch zur Bereitschaft der Angesprochenen, ihr Bedürfnis nach Abstand und Integrität aufzugeben und sich auf einen Prozess, der als Spiel beginnt und der im Nu zu etwas Ernstem werden kann, einzulassen. Eine nicht gewachsene, sondern angemaßte Vertrautheit und Nähe kann so schnell in Belästigung und Übergriffigkeit umschlagen. *Freiwilligkeit* und *Einverständnis* sind so wenig dispensierbar und kompensierbar wie die *Achtung der menschlichen Würde*. Von daher beruht die Annahme einer zeitweisen Aufhebung der moralischen Erfordernisse wohl auf einer Fehlinterpretation. Tatsächlich geht es vermutlich nur um eine vorübergehende Verschiebung und Dehnung der Grenzen, aber nicht um eine reale Auszeit für den moralischen Anspruch.

VIII. Versuch eines systematischen Fazits

Abschließende Überlegungen in systematischer Absicht

Zum Alltag der Menschen gehören jeweils mehrere, untereinander ziemlich verschiedene Bereiche: der der Familie oder jedenfalls einer Lebensgemeinschaft, der der beruflichen Tätigkeit, der für viele in zeitlichem Umgang, Rhythmus, Lebensqualität und Aufmerksamkeit dominierend ist, der der Freizeit, der aber inhaltlich und seelisch mit der beruflichen Tätigkeit balanciert, der der informationsmäßig-allgemeinen und persönlichen Kommunikation, der des politischen Suchens und Sich-Engagierens, der des Genießens von Kunst und Unterhaltung bzw. der eigenen künstlerischen Aktivität, der des Wissens und der Bildung, der des Wohnens, der Ernährung und des Umgangs mit Natur, der der Suche nach religiöser Deutung und der spirituellen Praxis und manche anderen mehr. Jeder dieser Bereiche hat seine eigenen ethischen Valenzen und Aufgaben, die Verantwortung einfordern.

Eine zusätzliche und wohl die am meisten herausfordernde Aufgabe besteht darin, dass im Alltag diese so unterschiedlichen Bereiche mit ihren verschiedenartigen Anforderungen praktisch zur selben Zeit oder im unmittelbaren Wechsel miteinander begriffen, identifiziert, ethisch eingeordnet und handelnd bestanden werden müssen.

Für den Einzelnen bedeutet das nicht weniger, als dass er zur selben Zeit oder wenigstens im raschen Wechsel und ohne über jedes sich stellende Problem erst ausführlich nachdenken zu können, in mehreren »Welten« sich bewegen, sich positionieren und agieren muss.

VIII. Versuch eines systematischen Fazits

Erschwert wird diese Aufgabe zusätzlich dadurch, dass sowohl das Erleben der eigenen Lebenswirklichkeit wie auch die jeweils gespürte Verantwortlichkeit nicht punktuell sind, sondern einerseits in die Zusammenhänge von Sozialität und Kultur eingebunden sind und andererseits im Fluss der unwiderruflichen Abfolge von Jetzt, gekannter Vergangenheit und dem Vorgriff auf die Zukunft geschehen. Der Einzelne erlebt und gestaltet seinen Alltag also nicht als ein völlig selbständiges, nach außen gegen alle Einflüsse abgeschirmtes Zentrum, sondern er ist in den genannten Lebensbereichen immer konfrontiert mit den Lebenspraxen anderer, mit Geltungen, die schon da sind, sowie mit Erfahrungen, mit Bildungs-Routinen, spezifischen Kenntnissen und Allerwelts-Weisheiten, die ihm vorgegeben sind und deren Einfluss er zurückdrängen, vermeiden, verabsolutieren kann oder aber reflektierend und auswählend in seine eigene Alltagswelt übernehmen mag. Was er jeweils aus diesen Einflüssen macht und welches Orientierungsgewebe daraus für den Alltag entsteht, ist die Leistung der jeweiligen besonderen und einmaligen Persönlichkeit und weist insofern immer ein ganz individuelles Profil auf. Das schließt alterskohorten- und generationsspezifische Ähnlichkeiten so wenig aus wie kulturelle und soziale Übereinstimmungen in vielen Inhalten. Aber Alltagsmoral ist trotzdem wie auch der Alltag selbst, auf den sie Bezug nimmt und in dem sie gelten will, individualspezifisch. Ihre Ausbildung gehört systematisch primär zum Gebiet der Persönlichkeitsethik.

Manchmal ist die Alltagsmoral der theoretischen Reflexion von typischen Alltagssituationen auch voraus, weil die entsprechenden moralischen Überzeugungen schon durch Intuition da sind und »funktionieren«. Denn sie müssen nicht erst aus prinzipiellen Überlegungen abgeleitet werden. Aber es ist durchaus möglich, sie gleichsam im Nachhinein zu rekonstruieren, das heißt, sie logisch stimmig zu machen mit anerkannten theoretisch-prinzipiellen Gesichtspunkten.[105]

Die individuelle Ausgestaltung und Tönung jeder Alltagsmoral bedeutet freilich nicht, dass es nicht auch allgemeingültige Verbindlichkeiten und Haltungen geben könnte, die die so unterschiedlichen Alltagsbereiche übergreifen und sie zu durchdringen beanspruchen, weil sie substanzieller Kern und Grund dafür sind, dass überhaupt von Moral gesprochen werden kann. Zu diesen basalen Voraussetzungen, Haltungen oder – altmodisch ausgedrückt – Tugenden, die in der Elementarerziehung erlernt, bestärkt und immer wieder auf neue Konstellationen und Situationen hin erweitert und erprobt werden müssen, gehören insbesondere:

- das anderen Menschen mit *Achtung* Gegenüber-Treten.[106] Das will besagen, die Anderen als ebenbürtige Individuen mit der Fähigkeit, selber moralisch zu urteilen, entscheiden und handeln zu können, mit Würde (das heißt: mit einem unaustauschbaren Wert) und mit dem Bedürfnis nach sozialen Beziehungen ernstzunehmen und zu behandeln.
- die Bereitschaft zur *Anerkennung* Anderer nicht nur in dem allen gemeinsamen Menschsein, sondern darüber hinaus auch in ihrer je eigenen Besonderheit, ihrem So-Sein und ihrem Eingewoben-Sein in bestimmte konkrete soziokulturelle und biografische Zusammenhänge.[107]
- *Aufmerksamkeit* für die Menschen und Dinge um einen herum (Person- und Kontextsensibilität) auch dann, wenn man mit ihnen weder in einer näheren Beziehung steht noch sie Gegen-

---

105 Adrian Holderegger, Ethische Perspektiven: Essays, Positionen, Interventionen, Münster 2021, 405–407, nennt dieses Vorgehen »rekonstruktive Ethik«.
106 Zur Achtung als ethischer Grundhaltung s. Susanne Schmetkamp, Respekt und Anerkennung, Paderborn 2012, 43–86.
107 Zu den an Hegel anknüpfenden philosophischen Theorien der Anerkennung als ethischer Grundhaltung s. ebd. 13f.; 25; 109–155.

stand eigener Interessen sind.[108] Es geht um das Vermögen, das im Alltag als Mit-leiden-Können, als Fähigkeit zur Anteilnahme, manchmal auch blasser als Rücksicht[109] oder anspruchsvoller und mit Fokussierung auf die beteiligten Gefühle als Empathie (Mit- bzw. Einfühlen) bezeichnet wird.[110] Rücksicht bzw. Empathie haben sowohl eine negative Seite – nämlich das Wohl einer Person nicht zu behindern – wie auch eine positive, nämlich deren Wohl befördern zu wollen. Es geht mit anderen Worten um das Sich-hinein-Versetzen in die Perspektive des Anderen.
- In der jüngeren theologischen Ethik und Religionspädagogik hat die Aufmerksamkeit für die Menschen und Dinge um einen herum unter dem Stichwort *compassion* eine gewisse Karriere gemacht. Als Ziel gemeindlicher und vor allem schulischer Erziehung umfasst compassion die Fähigkeit zum Mitfühlen des gesamten Spektrums von negativen und positiven Gefühlen Anderer.
- Schließlich geht es auch um die Haltung der *Demut*. Sie realisiert fortwährend, dass wir bei allem, was wir uns zutrauen und schaffen, zugleich endliche und verletzbare Wesen bleiben, angewiesen auf Andere wie auch auf natürliche Lebensgüter, von denen wir heute deutlicher als früher merken, dass sie nur in endlicher Menge vorhanden sind und dass sie für künftige Generationen knapp werden könnten, wenn sie weiterhin wie bislang rücksichtslos verbraucht oder gar um kurzfristiger Vorteile willen verdorben werden. Dies kann und darf uns jetzt Lebenden nicht gleichgültig sein, auch wenn die Schadwirkungen erst in der Zukunft, also »nach uns«, zu spüren sein werden.

---

108 Ebd. 24 u. 162.
109 Vgl. ebd. 157–171.
110 Dazu Werner Marx, Ethos und Lebenswelt. Mitleidenkönnen als Maß, Hamburg 1986, 13–35, der diese Fähigkeit am gemeinsamen Bewusstsein des Schicksals der Sterblichkeit festmacht.

Abschließende Überlegungen in systematischer Absicht

Der Frankfurter Sozialphilosoph Axel Honneth hat zur besseren Ordnung der Phänomene und ihrer normativen Herausforderungen den Vorschlag gemacht, zwischen drei Sphären von Anerkennung zu unterscheiden, nämlich zwischen der Sphäre von Liebe bzw. Fürsorge (im Kontext von Partnerschaft und Familie), der Sphäre des Rechts (als dem Raum der gegenseitigen Achtung und der Anerkennung der Norm der Gleichheit jedes Anderen in seinen Rechten) und schließlich der Sphäre der Vergemeinschaftung und Solidarität (als Ort der Wertschätzung der besonderen Leistungen und Fähigkeiten der konkreten Person durch die Gesellschaft).[111]

Diesen typischen und allgemeinen Formen von Anerkennung stehen im Alltag mannigfache Praktiken der Verweigerung und Verletzung bis hin zum Entzug gegenüber: Diskriminierung, Verachtung, Instrumentalisierung, Exklusion, Stigmatisierung und Marginalisierung demütigen in unterschiedlichem Umfang und unterschiedlicher Intensität. Sie werden individuell gespürt und erlitten, sind aber häufig institutionell nahegelegt und verstärkt. Zahlreiche gesellschaftliche Entwicklungen, die Anlass zur Sorge geben (Misshandlung von Kindern, Gewalt in Beziehungen, systematisches Desinteresse an politischen Entwicklungen, Sympathie für extreme Positionen, die vereinfachen, Hassrede, Konsum von Pornografie, erhebliche Teile der Prostitution) sind Ausdrucksformen solcher Anerkennungsverweigerung.

Entwicklungspsychologisch hoch brisant ist auch die These von Honneth, dass die Bereitschaft, Andere zu verstehen und Anerkennung zu verweigern, mit dem Bewusstsein des Einzelnen korreliert, in seiner früheren Entwicklung in seinem eigenen Selbstverständnis nicht anerkannt worden zu sein. Positiv gewendet liegt der Schlüssel zur Praxis der Anerkennung im Selbstverhältnis, also in der Entwicklung von Selbstvertrauen und

---

111 Axel Honneth, Kampf um Anerkennung. Zur moralischen Grammatik sozialer Konflikte, Frankfurt a. M. 1994, 148–211.

VIII. Versuch eines systematischen Fazits

Bewusstheit der eigenen Einzigartigkeit, von Selbstachtung als Anspruch an die Anderen und von Selbstwertgefühl als Mitglied der Gesellschaft.[112]

Was die in diesem Buch verfolgte Möglichkeit betrifft, die Alltagsmoral als Gesamtphänomen theoretisch zu erfassen, um es zu ordnen und durch Konsistenz- und Kohärenzprüfung argumentativ triftiger zu machen, so ist kein stringentes System der Inhalte und Probleme zu erkennen. Dazu sind die konkreten Phänomene und Ansatzpunkte zu zufällig und zu heterogen und die Argumentationsfiguren zu bildhaft und unscharf. Was man allenfalls tun kann, ist, die Probleme, die faktisch in ihr immer wieder eine Rolle spielen, und die Haltungen und Regeln, über deren Erwünschtheit bzw. Verbindlichkeit weitestgehender Konsens besteht, zu Bereichen des Alltagsverhaltens zusammenzufassen. Für diese charakteristisch ist erstens, dass sie in jeder Biografie eine grundlegende Rolle spielen, und zweitens, dass für sie jeder und jede kompetent ist, also eine Vertrautheit mit ethischer Theorie dafür nicht unbedingt notwendig ist. Bei der Konkretisierung und Benennung dieser Bereiche muss man allerdings in Kauf nehmen, dass ihre Ränder und damit auch die Abgrenzungen zu den anderen Bereichen unscharf oder sogar fließend sind.

Eine denkbare grobe Gliederung des Alltagsverhaltens in solche Bereiche, denen jeweils einzelne Handlungsfelder zugeordnet werden, könnte beispielsweise folgendermaßen aussehen:

Bereiche	*Inhalte*
Ich/Selbst	Identitäts»arbeit« Lernen: Bildung und Wissen Ausbildung und Beruf Körperpflege und Gesundheitsverhalten Sport und Bewegung Unterhaltung und Fantasie Überfluss Verzicht

---

112 Vgl. Schmetkamp, Respekt, 153f.

Abschließende Überlegungen in systematischer Absicht

	Wohnen Genießen Einsamkeit und Allein-Sein Selbstverwirklichung und Selbstwirksamkeit
Interaktionen mit anderen Personen im Nahbereich	Vertrauen Kommunizieren Sprache Beziehungen, Gewährung von Intimität Eros und Sexualität Familie und Sorge für Kinder Sorge für Eltern und Ältere Geburt, Alter und Tod Anderer Streiten und Konflikte Essen als gemeinschaftsstiftende Aktivität Sich-Kleiden Übernahme von Hausarbeit Tolerieren
Wechselwirkungen mit der sozialen Umgebung	Rücksichtnehmen auf XY Helfen und Teilen Wahrnehmen und Respektieren von Unterschieden (des Lebensalters, des Geschlechts, der Bildung, der Herkunft ...) Bekämpfen von Vorurteilen Reisen Moden
Teilnahme am Gemeinwesen (Zivilität)	Sich-Informieren Erfüllung der gesetzlichen Verpflichtungen Wählen Äußerung von Meinungen und Überzeugungen Toleranz Vertrauen Interesse am Verstehen von Fremdheit Zivilcourage Sorge um Zusammenhalt Ehrenamtliches Engagement Pflege von Kultur und Kunst Wahrnehmen von Leid und Ungerechtigkeit Mit allen anderen feiern Eintreten für Freiheit und Demokratie
Umweltverhalten	Wandern Betrachten der Natur Staunen

	Mobilität
	Konsum
	»Abfall«
	Umgang mit Tieren
	Ernährung
Verhalten zur Zukunft	Bewusster Umgang mit der Zeit
	Work-Life-Balance
	Muße
	Vorsorge für sich und die Nachkommen
	nachhaltiger Lebensstil
Verhalten zur Vergangenheit	Erinnerung pflegen
	Gedenkkultur
	Trauer über Verluste
	Reflexion und Stellungnahme zu eigenen Fehlern
	Umgang mit Schuld
Spiritualität	Innehalten und Nachdenken
	Fragen
	Suchen nach Grund, Sinn, Halt und Trost
	Dankbarkeit
	Umgang mit Unglück und Krankheit
	Wissen um die eigene Endlichkeit und Verwundbarkeit
	Religion

Abb. 5: Inhalte von Alltagsmoral und Versuch ihrer Gruppierung

Versuche einer Auflistung von Handlungsfeldern und ihrer Gruppierung wie dieser folgen grob dem anthropologischen Grundschema von Individualität – Intersubjektivität – Sozialität – Umweltlichkeit, sind aber im Übrigen sehr pragmatisch. Es besteht eine gewisse Ähnlichkeit zur Aufteilung großer Tages- und Wochenzeitungen in Ressorts, etwa außer Politik beispielsweise: Wirtschaft, Finanzen, Wissen, Sport, Gesellschaft, Liebe, Wohnen, Genießen, Reisen sowie mit den Untersuchungsperspektiven kulturwissenschaftlicher Untersuchungen.

Für jeden dieser Bereiche der Alltagsmoral besteht sowohl eine Normativität für das Verhalten der einzelnen Individuen wie auch eine solche der Partizipation am Miteinanderleben in Gesellschaft und Politik, deren Organisation, Gestaltung und Steuerung aber in der Obhut von Recht, Politik und Institutionen des Staats liegt und in ethischer Hinsicht Gegenstand konkreter bereichsethischer Reflexionen ist. Deshalb kann man bei sämtlichen in diesem Buch zur Sprache gebrachten Phänomenen und Überlegungen methodisch zwischen individuellen und sozialen Aspekten unterscheiden.

Für die Methoden und Gattungen charakteristisch sind eine Reihe rhetorischer und literarischer Formen, die in der theoretischen Ethik verpönt oder allenfalls unter didaktische Medien subsumiert werden. Weisheits-Sentenzen und Lebensregeln (bzw. deren populäre Gestalt: Sprichwörter) gehören ebenso zu ihnen wie Zeugnisse und autobiografische Narrationen sowie Legenden über hervorragende Menschen und ideal erscheinende Muster-Menschen, aphoristische Reflexionen und sogar Gebete. Die Ganzheit »Alltag« ist jeweils nur subjektiv und biografisch realisierbar und darstellbar. Sie kennt aber durchaus typische Züge und gemeinsame Merkmale. Trotzdem ist Alltagsmoral als umfassendes Phänomen stets etwas Individual-Spezifisches, Erfahrungsbezogenes, in bestimmten Settings Situiertes und in hohem Maße intuitiv zur Wirkung Kommendes und verweigert sich insofern der Systematisierbarkeit. Das mag zum Teil auch erklären, weshalb Alltagsmoral in der theoretisch betriebenen Ethik so wenig Aufmerksamkeit erfährt, denn deren Gegenstand sind die allgemeinen Gesetzmäßigkeiten des menschlichen Handelns und ihre Ziele die universellen Gründe, mit denen sie gerechtfertigt oder im Alltag eingefordert werden können.

Gleichzeitig ist vor dem Missverständnis zu warnen, die lockere Gruppierung der diversen Praxen als kategoriales System zu nehmen. Tatsächlich lassen sich die einzelnen Felder und Inhalte nämlich nicht eindeutig und zwingend und fast nie ausschließlich einer der systematischen Kategorien zuordnen. Die Gruppierung der Themen stellt deshalb eher einen Versuch einer möglichen Ordnung dar und beansprucht nicht, mehr zu sein als ein geordneter Katalog.

VIII. Versuch eines systematischen Fazits

Wozu dieses Buch?

Das vorliegende Buch schaltet sich nicht in laufende Diskussionen über ethische Theorien ein, noch handelt es von Prinzipien und deren Anwendung in Bereichen neuer Handlungsmöglichkeiten. Es verzichtet auch auf die Erörterung von Gedankenexperimenten und dilemmatischen Konstellationen, wie sie in aktuellen wissenschaftlichen und populären ethischen Debatten so beliebt sind. Stattdessen geht es in ihm um relativ Einfaches und Grundlegendes, auch wenig Kontroverses, aber eben doch Wichtiges. Denn es handelt von basalen Orientierungen für alltägliche Situationen, von moralischer Erziehung und Selbsterziehung und von Charakterbildung in den unterschiedlichsten sozialen Kontexten.

Dabei liegt es dem Autor fern, die Leser und Leserinnen über Maßstäbe für Richtig und Falsch belehren zu wollen. Anliegen ist ihm vielmehr, sie anzuleiten, moralische Phänomene zu entdecken und zu verstehen und die Fähigkeit zu urteilen zu stärken. Ein weiteres Anliegen ist es ihm, etwas, das in der theoretischen Reflexion und professionellen Debatte nicht angemessen Beachtung findet, aus dem Schatten hervorzuholen und zum ausdrücklichen Thema zu machen.

Denn Alltagsmoral ist wichtig und wertvoll, zugleich aber bedroht und gefährdet durch eine lautlose Erosion. Deren »Treiber« sind massive Veränderungsfaktoren wie die sozialen Medien, die intensiv in die Lebenswelt der allermeisten Menschen eingedrungen sind, die Beschleunigung des Wandlungsprozesses, die Zunahme der Komplexität der Lebensverhältnisse und -entwürfe sowie die Dynamik der Globalisierung, die auch kulturelle Herkünfte und Identitäten betrifft. Die angemessene Reaktion liegt weder in der sich abschließenden Verteidigung des Bestands ohne jeden Abstrich noch im Aufgeben der (noch) bestehenden und anerkannten Normen und Ideale. Worum es gehen sollte, ist eine Identität, die die eigene Tradition als etwas Wertvolles schätzt und sie pflegt und die doch zugleich offen ist für Innovationen und die Transformation des Überkommenen.

Der Autor ist zuversichtlich, dass diese Aufgabe lösbar ist. Er widerspricht aller Resignation und dem systematischen Kulturpessimismus. Es ist ihm bewusst, dass »Glück« – ein großes Wort! – weder gemacht noch gekauft werden kann, wie es in der Werbung gerne suggeriert wird. Aber wir Menschen können durchaus dazu beitragen, die Voraussetzungen dafür zu verbessern, indem wir die Gegenwart gestalten, eben nicht nur im Großen, sondern auch im Klein-klein des Alltags, statt sie zu verurteilen. Es stimmt ja nicht, dass früher alles besser gewesen sei. Aber man kann auch nicht ein guter Mensch sein, werden oder bleiben, wenn man das ständige Bemühen und Nachdenken über die eigene Verantwortung aufgibt oder für gelegentliche Momente feierlicher Erhabenheit reserviert. Oder die Flucht in ideologische Wunschträume antritt, die der Realität nicht standhalten und die bewährten Formen des alltäglichen Umgangs verachten. Es ist gut und wünschenswert, dass sich alle oder wenigstens die überwiegende Zahl der Menschen in der Gesellschaft darüber einig sind, dass »man« nicht lügt, nicht stiehlt, nicht andere übervorteilt, nicht hetzt und nicht täuscht. Das sollte eben nicht nur die Überzeugung von Moral-Profis und Ethik-Experten sein. Für die bleibt in der immer komplexer werdenden Welt trotzdem genügend Raum und Arbeit, Probleme zu reflektieren, Dissense abzubauen und eingefleischte Vorurteile zu hinterfragen. Und angesichts und trotz der vielen Katastrophen in der Welt Mut zu machen. Zur Alltagsmoral gehört schließlich auch der tägliche Optimismus des Dennoch und der Widerspruch gegen die Resignation, dass die Menschen nicht dazulernen könnten.

Sachregister

A

Abschreiben 14, 15
Achtsamkeit 137, 174, 175
Achtung 69, 178, 189
Alter/Altern 61–64, 80, 91, 101, 128, 136
Ambivalenzen 78
Anerkennung 25, 33, 35, 48, 55, 56, 68, 72, 77, 118, 122, 123, 129, 161, 176, 177, 189, 191
Angewandte Ethik 51, 167
Anonymität 96, 153, 183
Anpassung 121, 122, 124, 125, 129, 130
Anstand 23, 31–33, 35, 47, 110, 171
Anstehen 14, 15
Antisemitismus 34, 79, 98
Anwendung 27, 68, 152, 196
Asylpolitik 15, 17
Aufmerksamkeit 16, 22, 34, 42, 48, 52, 62, 85, 93, 111, 117, 124, 151, 167, 187, 189, 190, 195
Authentizität 49, 50, 185
Autonomie 15, 61, 93, 122

B

Bedürftigkeit 93
Begrüßen 71
Beileid 100
berufliche Tätigkeit 14, 59, 147, 155, 156, 187
Beschämen 94
Besonnenheit 115
Beziehung 27, 33, 51, 54, 55, 57, 59, 63, 67, 69, 84, 90, 99, 109, 113, 115, 121, 133, 189, 191, 193

Bildung 47, 54, 55, 62, 64, 80, 111, 123, 131, 132, 151, 156, 170, 176, 187, 188, 192, 193
Biografie 25, 28, 41, 51, 62, 72, 102, 128, 174, 192
Bürger/Bürgerin 25, 52, 66, 82, 87, 88, 95, 108, 116, 132, 136, 140, 142–146, 151, 154, 155, 170

C

cancel culture 87
compassion 190
Containern 139, 140

D

Dankbarkeit 35, 106, 161, 194
das Geziemende 24, 32
decorum 24
Demokratie 34, 81, 104, 122, 123, 132, 143, 155, 180, 193
Demut 190
Denkmal 76, 105, 106, 117
Diskretion 49
Diskriminierung 70, 79, 80, 124, 135, 136, 177–179, 191
Diversität 177–179
Doppelmoral 36, 37, 88

E

Echtheit 49
Ehrenamt 52, 136
Ehrlichkeit 49, 108
einfache Sittlichkeit 23, 24
Einkaufen 73

Sachregister

elementare Moral 22, 31, 167
Eltern 14, 25, 34, 53, 55, 60–62, 64, 102, 104, 137, 157, 170, 175, 193
Elternschaft 60, 174
Empathie 48, 61, 123, 124, 190
Empörung 124
Energie 47, 110, 111, 137, 142, 157
Entformalisierung 171
Entschleunigung 158
Entschuldigung 42, 96–99, 180
Entwicklung 176
Erholung 73, 131, 157
Erinnerung 72, 89–91, 94, 97, 102, 103, 107–109, 194
Erinnerungsgemeinschaft 104
Ernährung 118, 139, 140, 172, 174, 187, 194
Erotisches Begehren 65–71
Erwachsen sein 63
Erzieher 14, 34, 52, 137
Erziehung 15, 26, 45, 47, 59, 62, 66, 84, 94, 109, 121, 123, 130, 132, 141, 169, 170, 190, 196
Eskalation 113, 115
Essen 71, 72, 74, 101, 133, 141, 193
Ethik 7, 17–19, 22–26, 28, 32, 45, 50, 51, 54, 69, 84, 109, 115, 124, 129, 130, 147, 161, 167, 169, 180, 189, 190, 195, 197

F

Fake News 88
Fälschung 95, 151, 154
Familie 25, 33, 52, 53, 57–60, 63, 65, 68, 72, 80, 94, 110, 112, 130, 133, 137, 143, 156, 164, 165, 169, 187, 191, 193
Fasten 141
Feindbild 124
Follower 75, 134, 153
Frauenfeindlichkeit 98
Freiwilligkeit 55, 68, 69, 186
Freizeit/Freie Zeit 60, 106, 117, 132, 139, 156, 170, 187
Freundlichkeit 35
Freundschaft 52–55, 57, 58, 65, 67, 102, 170

Friedhof 103, 105, 143

G

Gedenken 102, 104–109, 143
Gedenktag 105, 106, 108
Gefühl 27, 51, 65, 68, 84, 102, 190
Geheimhaltung 85
Gehorsam 26, 46, 59, 73, 137, 142, 175
Geld 37, 116, 117, 119, 137
Gemeinde 133
Generation 58, 59, 61, 62, 66, 72, 86, 94, 96–98, 105, 108, 137, 156, 164, 175, 190
Geschenk 101
Geschlecht 42, 66, 70, 79, 127, 135, 171
Gesundheit 13, 25, 63, 71, 73, 100, 131, 170, 177
Gewissen 25, 89, 147, 178
Gleichheit 184, 191
Globalisierung 49, 159, 176, 196
Glück 99, 100, 143, 197
Grab 103, 117
Grenzen 17, 23, 42, 48, 54, 76, 85, 88, 92, 111, 135, 154, 162, 177, 178, 183, 186
Grundrechte 68, 80, 124, 136, 144, 180
gutes Leben 27
gute Vorsätze 173

H

Hass 124, 153, 154, 179, 191
Heilige 75
Helden 77, 78, 143
Herrenwitz 42
Hetze 87, 124, 154, 179
Heuchelei 37
Hochethos 23, 24
Hochzeit 72, 99
Höflichkeit 42, 46, 47, 81, 93

I

Ideal 23, 45, 46, 49, 59, 133, 196
identitäre Bewegungen 179
Identitäre Strömungen 155

Sachregister

Identität 50, 76, 84, 104, 128, 129, 176, 177, 196
Influencer 75, 153
Inklusion 136, 177, 179
Integrative Ethik 28
Internet 75, 81, 86, 154, 177
Intimität 61, 68, 70, 176, 193

J

Jugend 52, 63, 129, 175
Jugendsünde 41

K

kathekon 24
Kavaliersdelikt 39–42
Kinderpornografie 154
Kindheit 63, 89, 109
Kirchengemeinde 57, 102
Kitsch 86, 101
Kleidung 35, 67, 73, 91, 116, 117, 139, 140, 184
Klima 57, 137, 142
kognitive Dissonanz 114
Kollegenschaft 33, 55–57, 170
Kolonialismus 98, 135
Kommunikation 33, 43, 81, 108, 114, 132, 152–155, 159, 176, 187
Konflikt 22, 34, 54, 56, 59, 61, 65–67, 72, 79, 109–116, 128, 169, 191, 193
Konnektivität 154
Konsumieren 53, 138, 142, 170, 173, 191, 194
Konvention 18, 32, 46, 74, 86, 148
Körperstrafen 94
Korrektiv 169
Korrektur 130, 140, 148, 149
Kostümierung 184
Kultur 19, 65, 70, 71, 74, 80, 101, 103, 104, 109, 146, 155, 164, 177, 178, 185, 188, 193, 196
Kunst 61, 102, 134, 158, 171, 187, 193
Künstliche Intelligenz 15, 17

L

Laster 26, 139
Lebensführung 15, 27–29, 52, 75, 148, 161, 170
Lebenskunst 27–29, 54, 130, 161
lebenslanges Lernen 132
Lebensqualität 141, 156, 187
Lebensstil 138, 142, 155, 194
Liebe 67, 68, 133, 191, 194
Lüge/Lügen 84, 89
Luxus 118

M

Mahlzeiten 72
Marginalisierung 191
Maskierung 184, 185
Maßhalten 138, 156
Missbrauch 17
Mitleid 23, 48, 123, 169, 190
Mobbing 70, 82, 95, 135, 153
Mülltrennung 139
Mut 146, 197

N

Nachbarschaft 33, 110, 111, 164, 170
Nachhaltigkeit 138–140
Nacktheit 89–91
Nation 97
Natur 24, 25, 71, 124, 130, 132, 137, 142, 152, 158, 187, 193
Neugier 148
Nichtdiskriminierung 171
Notlüge 85

O

Objektivität 149, 170
Öffentlichkeit 35–37, 40–42, 49, 66, 67, 81, 85, 87, 94, 95, 99, 106, 111, 112, 133, 134, 140, 146, 151, 153, 163, 169, 175
ökologischer Fußabdruck 142

Sachregister

P

Parole 87
Partnerschaft 65, 110
Partnerschaftlichkeit 59
Personalisierung 113
Persönlichkeit 26, 27, 51, 58, 65, 77, 81, 113, 114, 123, 129, 133, 152, 156, 185, 188
Pflege 22, 54, 61, 86, 103, 134, 193
Pflicht 25, 26
Pharisäertum 37
Plagiat 151
Pluralität 162, 177–179, 185
Polarisieren 114, 155
populistisch 87, 98
Pornografie 38, 70, 191
Pranger 140
Praxis 19, 27, 51, 59, 66, 98, 131, 140, 149, 151, 157, 167, 175, 180, 187, 191
Privatsphäre 35, 38, 68, 111, 134, 135
Professionalität 51, 62, 148, 185
Propaganda 33, 87, 143
Prostitution 70, 191
Protest 121–124, 139, 140, 145

R

Rassismus 34, 98, 135
Raten/Ratgeben 29, 63, 83, 151, 173
Recht 41, 51, 52, 77, 85, 95, 110, 112, 124, 134, 140, 143, 144, 171, 180, 191, 194
Recycling 120
Reisen 142, 156–158, 174, 193, 194
Religion 19, 35, 65, 67, 79, 86, 90, 91, 136, 157, 159, 160, 171, 177, 178, 180, 194
Reparieren 120
Resilienz 131
Respekt 33, 48, 68–70, 110, 137, 141, 152, 171, 176, 179, 189, 192
Ritualisierung/Riten 48, 73, 74, 102, 122, 160
Rücksichtnahme 35, 46, 47
Ruhen 157

S

Sabbat 157
Sachlichkeit 148
Scham 42, 89–92, 94, 96, 123, 124, 171
Scheinheiligkeit 37
Schuld 43, 89, 96–98, 106, 108, 112, 123, 124, 164, 165, 194
Schulgemeinschaft 55, 57, 110
Schummeln 14, 15
Segen 100
Selbstbestimmung 46, 70, 134
Selbsterziehung 121, 130, 196
Selbstliebe 130
Selbstverwirklichung 59, 193
Selbstwirksamkeit 59, 132, 136, 193
Sexismus 135
Sextourismus 70
sexuelle Belästigung 135, 153
Sexuelle Intimität 69
sexueller Missbrauch 137
sexuelle Übergriffe 16, 169
shitstorm 95, 153
Sinnspruch 173
Skandalisieren 34, 95
social media 86, 95, 134
Solidarität 16, 56, 57, 101, 145, 147, 191
Sonntag 107, 157, 159
Sorge um sich selbst 27, 127, 130
soziale Pflichtzeit 145
Sozialisation 109, 169
Sozialpolitik 116
Sparen/Sparsamkeit 116, 119, 120, 142
Spenden 116–119
Spiel/Spielen 14, 15, 41, 71, 91, 96, 131, 158, 184–186
Spiritualität 141, 159–161, 174, 194
Sport 55, 71, 72, 75, 131, 134, 156, 172, 174, 192, 194
Sprechen 67, 70, 83, 85, 86
Stalking 70, 135, 153
Staunen 148, 160
Stigmatisierung 95, 191
Suchen 162, 187
Sündenbock 40, 42, 43

Sachregister

T

Tabu 42, 85, 89
Tafel 118
Takt 33, 171
Tod 55, 71, 85, 103, 105, 143, 162–164, 174, 193
Toleranz 81, 178, 193
Transparenz 148, 151, 160, 184
Treue 171
Trinken 71
Trinkgeld 118
Tugend(en) 23, 25, 26, 47, 119, 138, 139, 146, 189

U

Umwelt 36, 121, 133, 139, 140, 142
Unterbrechung 159, 172
Unverfügbarkeit 100
Urlaub 157

V

Veganismus 141
Vegetarismus 140
Veränderung 28, 39, 57, 59, 61, 64, 90, 104, 115, 129–131, 133, 153, 158, 172, 174, 177, 185, 196
Verantwortung 15, 24, 43, 49, 57, 58, 60, 61, 63, 68, 69, 97, 98, 104, 124, 133, 146, 152, 161, 170, 187, 197
Verbot 81, 172
Verein 45, 55–57, 80, 102, 156
Vereindeutigen 80
Verfremdung 183
Vergebung 98, 99
Verkehrsregeln 73
Verkleidung 184, 185
Verletzlichkeit 48, 70, 92, 93, 191
Verschwörungstheorien 170
Verständigung 34, 39, 112, 115
Verstehen 132, 193
Vertrauen 35, 66, 74, 83, 102, 109, 110, 115, 143, 179, 193
Verwandtschaft 170
Verzeihen 96, 98
Verzicht 35, 115, 141, 142, 172, 192
Volk 87, 97, 108, 143, 154, 165
Vorbild 75, 76, 130
Vorsorge 51, 131, 194
Vorurteil 35, 43, 79, 80, 87, 164, 177, 197
Vulnerabilität 163

W

Wählen 54, 143, 144, 193
Wahrhaftigkeit 83
Wegschauen 17, 168
Wegwerfen 138
Wegwerfgesellschaft 140
Weisheit 64, 112, 195
Whistleblower 85, 124
Widerstand 145
Wissen 14, 32, 36, 52, 63, 77, 131, 147, 148, 152, 170, 177, 192, 194
Wissenschaft 85, 134, 147, 148, 150, 151, 171, 185
Wohnen 73, 116, 133, 134, 136, 142, 155, 187, 193, 194
Work-Life-Balance 156
Würde 19, 90, 143, 154, 178, 186, 189

Z

Zeit 16, 24, 25, 27, 36, 39, 47, 49, 56, 57, 60, 63–66, 89, 90, 97, 98, 100, 102–104, 111, 116, 127, 128, 132, 137, 141, 144, 149, 155, 156, 159, 164, 168, 172, 174, 187, 194
Zivilcourage 145, 146, 193
ziviler Ungehorsam 145